정류장교회 이야기

한사람

01

〈정류장교회 이야기〉는 기다림의 주체를 '나'로 한정하지 않고 아이들을 포함한다는 점에서 의미가 있습니다. 아이들은 어른을, 어른은 아이들을 기다립니다. 누군가를 기다리는 일은 상대를 믿어야 하는 것처럼 보이지만, 사실은 '나'를 믿는 과정입니다. 끊임없이 의심하는 불확실함 속에서 '나는 끝까지 기다릴 수 있다. 나는 포기하지 않는다.'라는 '나'에 대한 믿음을 구하는 일입니다. 믿음은 경험에서 비롯되고 경험은 용기로부터 시작합니다. 용기는 실패를 두려워하지 않는 마음이 필요하고, 그 마음의 근간은 사랑입니다. 사랑이 부족한 아이들은 누구보다 어른을 기다리지만, 누구보다 기다리는 것을 어려워하기 때문에 어른의 더 큰 사랑, 더 끈질긴 노력이 필요합니다. 아이들은 목사님에게 받은 사랑을 토대로 용기를 내어 어른에게 다가가는데, 이러한 움직임이 있기에 기다림이 외롭지 않고 귀하게 느껴집니다. 믿음이 생기기 전까지 수없이 흔들리지만 서로를 향하는 시선 덕분에 중심을 잡을 수 있습니다. 확실한 믿음을 찾기 위해 서로가 부단히 노력하며 성장의 아름다움을 경험할 수 있어 '기다림의 미학'이라는 말이 있는지도 모르겠습니다.
저 또한 기다리는 아이였습니다. 그 끝에 회복된 마음은 사랑이라고 알지 못했던 것들이 사랑이었음을 알게 해주었습니다. 비 오는 날 우산을 챙기라는 메시지, 오므라이스 위 케첩으로 그린 하트, 나로 인한 기쁨과 슬픔, 나를 위한 기도, 그리고 답장 없는 편지를 기다리는 마음. 이 모든 것이 사랑이었음을. 볕뉘 같은 사랑. 이 책을 읽는 모든 청소년의 그늘진 곳에 햇볕의 기운이 닿기를. 그리고 제가 경험했듯이 햇볕의 따뜻함이 사랑임을 깨닫기를 기도합니다.

이OO(제자)

저는 10살 딸을 키우고 있는데 물질적인 것을 채워주는 게 중요하다고 생각했지만 이 책을 통해 부모가 사랑이라고 생각하는 것과 아이들이 느끼는 사랑은 다르다는 걸 알게 되었고 사랑한다는 말을 자주 해주고 많이 안아줘야겠다는 생각이 들었습니다.

   제가 교회에서 위기청소년들을 처음 만났을 때는 솔직한 심정으로 좋게 느껴지진 않았습니다. 그러나 이 책을 통해 아이들에 대한 인식이 바뀌었고 소중한 청소년 시기를 보내는 아이들에게 목사님은 큰 존재이고 따뜻한 어른이라는 것을 깨닫게 되었습니다.

   그래서 우리 정류장교회 성도들도 아이들의 저녁식사 봉사를 돌아가면서 하고 있습니다. 내 아이를 먹인다는 생각으로 정성껏 만들고 있습니다. 교회 설립 때부터 7년동안 목사님과 함께하고 있는데 한결 같은 마음과 행동하시는 모습이 너무 좋습니다.

   어른 예배 설교 때는 강한 모습, 어린이 예배 때는 아주 귀엽게 아이들과 찬양하면서 율동도 하십니다. 마지막으로 감사의 마음을 전하고 싶습니다. 6년 전에 병으로 신랑이 떠나면서 딸을 혼자 키우게 되었는데 정신적으로나 육체적으로나 많이 힘들 때 목사님과 정류장교회는 저에게 큰 힘이 되어 주셨습니다. 가족처럼 저와 딸을 대해주셔서 너무 감사하고 우리 아이도 몇 년 더 지나면 중학생이 될 텐데 힘들 때 석식당가서 밥도 먹고 목사님한테 상담도 받으면서 잘 성장해 가면 좋겠습니다. 목사님, 석식당 화이팅!

홍아정(정류장교회 성도)

03

최현석목사는 제가 은퇴 5년을 앞두고 마지막 목회지에 부임했을 때 처음 만났습니다. 과묵하고 성실해서 눈여겨보았는데 저자가 책에 기록한대로 재주가 많아 보이지는 않았지만 체력이 좋아 운동을 잘하고 성실하고 근면한 모습이 마음에 들었습니다. 재주가 많은 것보다 진실함과 책임감이라는 장점이 더 귀하게 느껴졌습니다. 장차 훌륭한 목회자가 될 것으로 예측했는데 이 책을 통해 확인할 수 있게 되어 무척 기쁩니다. 이 책은 위기청소년들의 실태를 매우 현실적으로 인식하게 해주고, 미처 몰랐던 세계를 많이 이해하게 되었습니다. 젊은 목회자로서는 감당하기 힘든 사역들을 예수 그리스도의 사랑의 정신으로 잘 수행하고 있는 저자에게 고마움을 느끼지 않을 수 없습니다. 또한 이 책은 한마디로 임상목회보고서라 할 수 있겠습니다. 책을 다 읽고 나니 잠언 21장 28절 말씀이 떠올랐습니다. "거짓 증인은 패망하려니와 확실히 들은 사람의 말은 힘이 있느니라" 진실한 사람이 진실한 내용을 진실하게 기록한 본서는 과연 힘 있는 책이 아닐 수 없습니다. 모든 목회자(특히 청소년 사역에 관심있는)들과 기독교인들이 꼭 읽어볼 필요가 있음을 강조하는 바이며 모든 사람이 한 번쯤 본서를 읽어본다면 우리 사회가 훨씬 나아질 것이라고 생각합니다.

방인순 목사(동성감리교회 원로목사)

석식당에서 밥을 하고 돌아오는 날에는 좀 더 좋은 어른이 되고 싶다는 생각이 듭니다. 함께하는 동안 제가 본 목사님은 아이들에게 다가온 어려운 상황들을 해결하는 해결사처럼, 좋아하는 햄버거를 두 개 먹어도 되냐고 묻는 날도, 면이 퉁퉁 불어 터지도록 아이들의 고민만 들어주는 날도 있었습니다. 이곳을 찾아온 아이들에게는 충고나 조언보다 따뜻한 밥 한끼가 더 필요하다는 걸 아는 분입니다. 아이들에게는 온기 가득한 '밥' 같은 사랑이 필요합니다. 저도 지치고 마음이 메마른 날 석식당에 가서 함께 식사 준비를 하고 아이들을 만나고 나면 마음이 든든해지고 힘이 생깁니다. 이렇게 저에게도 가장 따뜻한 식당인 이곳이 오래오래 머물러 주었으면 좋겠습니다. 이곳에서 밥과 사랑을 먹었던 아이가 좋은 어른이 되어 사랑이 필요한 누군가를 위해 밥을 지으러 올 그날까지요.

박은혜(소로 여행자의집 대표)

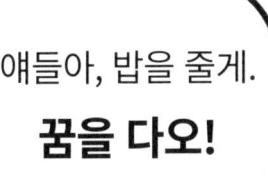

차례

프롤로그　　15

1. 이렇게 잘해주시는 어른은 처음이에요　　23
2. 마데카솔 전도사　　32
3. 우리 아이가 달라졌어요　　37
4. 아이러브유　　45
5. 회귀본능　　51
6. 사랑 참 어렵다　　63
7. 한겨울에도 잠수하는 아이　　73
8. 이 아이를 보호해 주세요　　80

에피소드1
정류장의 아이들

9. 진짜 모습을 보일 때 · · · 87

10. 오늘 밤은 평화롭게 · · · 94

11. 파치 같은 아이들 · · · 100

12. 세상에 내 편이 하나도 없어요 · · · 107

13. 은혜 갚은 고양이 · · · 116

14. 아빠엄마! 나를 아프게 하지 말아요 · · · 122

15. 아이 엄마 · · · 132

16. 밤의 아이들 · · · 139

17. 저를 포기하지 마세요 · · · 144

1. 아이들의 정류장교회　　　　　　　　　　　　　155

2. 너는 사랑만 해. 내가 채워줄게　　　　　　　　167

3. 밑 빠진 항아리에 물 붓기　　　　　　　　　　177

4. 밥을 줄게. 꿈을 다오!　　　　　　　　　　　　187

5. 하늘의 동역자　　　　　　　　　　　　　　　194

6. 화목한 석식당　　　　　　　　　　　　　　　211

7. 잃은 양 한 마리를 위하여　　　　　　　　　　218

+ 이 책에 기록된 성경구절은 모두 새번역성경을 사용했으며
아이들의 이름은 모두 가명입니다

에피소드2
정류장의 하나님

정류장교회 이야기

프롤로그

저는 20대 전도사 시절부터 30대 담임목사가 된 지금까지 대부분의 시간을 청소년들과 보내고 있습니다. 그중에서도 소년범, 한 부모 가정 청소년, 조손 가정 청소년, 미혼모, 학교 밖 청소년, 가정 밖 청소년, 자립 준비 청년 등 소위 위기청소년이라 불리는 아이들을 만나왔습니다.

이렇게 10년이 넘는 시간 동안 위기청소년들을 만나면서 제 가치관에도 많은 변화가 찾아왔습니다. 전에는 비행을 저지르는 청소년들을 보면 단순히 나쁘고 게으른 아이들이라고 생각했는데 지금은 아이들의 비행이 저마다의 아픔에서 비롯된 것임을 깨닫게 되었습니다.

건강한 어른의 부재로 몸과 마음에 큰 상처를 입은 아이들은 '비행'이라는 비명을 지르고 있었습니다. 아침에 깨워주고 챙겨서 학교에 보내주는 어른, 잘못된 행동을 할 때 바로잡아주는 어른, 문제가 생겼을 때 의지할 수 있는 어른, 따뜻하고 건강한 밥을 챙겨주는 어른, 계절에 맞게 옷을 입혀주는 어른. 제가 만났던 아이들은 이러한 좋은 어른의 부재로 인해 대부분 잦은 지각과 결석으로 학교를 그만두었고, 작은 문제조차 해결하지 못해 더 큰 문제에 빠졌으며, 건강하지 못한 몸과 마음으로 힘겹게 생존하고 있었습니다. 어쩌면 아이들은 살고 싶어서 일찍이 어른의 삶을 선택했는지도 모릅니다.

이 아이들에게도 좋은 어른이 존재했다면, 그래서 아이들을 둘러싼 환경이 따뜻하고 안전했다면 누구보다 더 바르고 성실하게 살아갈 수 있었으리라 생각됩니다. 왜냐하면 저는 좋은 부모님 덕분에 잘 살고 있기 때문입니다. 20년 전 청소년기 시절, 아침마다 깨워주시고 교복을 다려주시고 밥을 차려주시던 부모님, 용돈을 주시고 차량 운행을 해주시고 안정감을 주셨던 부모님 덕분에 현재를 잘 살아가고 있습니다.

   그래서 저는 위기청소년들을 함부로 낙인찍어서는 안 된다고 생각합니다. 성장배경의 차이일 뿐 결코 우리가 그들보다 더 나은 사람은 아니기 때문입니다. 오히려 우리는 위기청소년들의 차가운 삶에 공감하며 불쌍히 여겨야 합니다. 마치 예수님께서 모든 도시와 마을을 두루 다니시면서 무리를 보시고 불쌍히 여기셨던 것처럼 말입니다.

[마태복음 9장 35-36절]
예수께서는 모든 도시와 마을을 두루 다니시면서, 유대 사람의 여러 회당에서 가르치며, 하늘 나라의 복음을 선포하며, 온갖 질병과 온갖 아픔을 고쳐 주셨다. 예수께서 무리를 보시고, 그들을 불쌍히 여기셨다. 그들은 마치 목자 없는 양과 같이, 고생에 지쳐서 기운이 빠져 있었기 때문이다.

   아이들의 세상을 들여다보니 생각했던 것보다 훨씬 더 차가웠습니다. 차가운 집, 차가운 밥, 차가운 말, 차가운 시선, 온통 차가운 것들뿐 유일한 온기라고는 담배 연기뿐이었습니다. 그래서 저는 제가 만나는 위기청소년들에게 진짜 온기가 무엇인지 알려주고 싶었습니다. 따뜻한 밥, 따뜻한 말, 따뜻한 시선, 무엇보다 따뜻한 하나님의 사랑을 말입니다.

비록 이 일이 밑 빠진 항아리에 물 붓기이지만 그래도 계속 물을 부어주면 항아리가 메마르지 않게 되는 것처럼 구멍 난 아이들의 마음에도 계속해서 사랑을 부어주다 보면 마음이 촉촉해지고 다시 살아갈 힘이 생길 거라고 믿습니다. 이 책을 통해 저와 같은 꿈을 꾸고 같은 마음을 품어서 밑 빠진 항아리에 물 붓기를 하는 사람들이 더 많이 생겨나길 소망합니다.

[감사의 인사를 드립니다]

이 책을 만들어주신 한사람출판사 우지연 대표님, 삶으로 목회자의 본을 보여주셨던 저의 영원한 스승님이신 방인순 목사님, 이 땅에서 하나님의 사랑을 느끼게 해주신 아버지 故최재호 권사님과 어머니 홍정희 권사님, 그리고 장인어른 이상갑 권사님, 장모님 박순봉 권사님, 항상 부족한 저를 사랑해 주고 이해해 주는 사랑하는 아내 이은희, 언제나 제 편이 되어주시는 매형, 누나, 남동생 그리고 동서, 처제, 처남, 처남댁 그리고 사랑하는 조카들, 아이들을 위해 항상 따뜻하고 맛있는 요리를 만들어 주는 석식당 이은혜 셰프님, 늘 아이들 사랑하는 일에 함께해 주시는 양떼 선생님들과 모든 봉사자분들, 날마다 기도와 재정으로 도움을 주시는 모든 후원자님들, 마지막으로 부족한 담임목사임에도 항상 응원하며 동행해 주시는 우리 정류장교회 성도님들과 예나학교 어린이들과 양떼 청소년들에게 진심으로 감사드립니다.

얼마나 모진 세월을 살았길래
모텔방이 아늑하고, 배달 음식이
소화가 잘되고, 모르는 사람들과의
술자리가 편안하다고 느낄까요?
우리는 함부로 수연이의 인생에 대
평가해서는 안 될 것입니다. 어쩌면
수연이는 그 누구보다 강하고 단단
아이입니다. 그렇기에 지금도 이렇
살아내고 있는 것입니다. 사람들은
여전히 호석이를 위험한 아이로
낙인을 찍습니다. 언제든지 죄를
저지르고 사고를 칠 수 있는 아이로
말입니다. 그러나 호석이는 위험한
아이가 아니라 위험에 빠진 아이라
표현하는 것이 정확합니다.

에피소드 01
정류장의 아이들

1. 이렇게 잘해주시는 어른은 처음이에요

 제 마음에 위기청소년들이 처음으로 찾아온 것은 아직 겨울의 찬기가 채 가시지 않던 2013년 이른 봄이었습니다. 20대 전도사의 뜨거운 열정으로 청소년부 사역을 감당하고 있던 어느 날, 수요예배를 마치고 예배당을 나가는 길에 한 할머니 권사님께서 저를 다급하게 부르셨습니다.

 "전도사님, 우리 손주 민철이 좀 한 번만 만나주세요. 아니, 글쎄. 이 녀석이 집에도 안 들어오고 사고치고 아주 골치 아파 죽겠어요. 우리 민철이 좀 붙잡아주세요."

 민철이는 부모님이 이혼하신 후 마음을 잡지 못한 채 가출, 음주, 흡연 등 방황을 일삼고 있던 위기청소년이었습니다. 저는 할머니 권사님의 간절한 부탁에 그날 바로 민철이에게 연락했습니다.

"민철아, 안녕! 나 ○○교회 전도사님이야. 이번 주 토요일 저녁에 만나자. 햄버거 사줄게!!"

"그럼, 제 친구들도 다 데려가도 되나요?"

"물론이지! 친구들 다 데리고 햄버거집에서 만나자."

만나자고 연락하면 당연히 거절할 줄 알았는데 오히려 친구들도 데려오겠다니 저는 놀라기도 하고 설레기도 했습니다. 그렇게 토요일 저녁 약속 시간이 되어 민철이를 기다리고 있는데 조금 전까지만 해도 밝고 경쾌했던 햄버거 매장이 갑자기 어두워지더니 둔탁한 발걸음 소리와 함께 어둠의 무리들이 몰려오기 시작했습니다. 한눈에 봐도 민철이와 열 명 남짓한 친구들이었습니다. 제 인생에서 위기청소년 무리들이 다가온 첫 순간이었습니다.

그날 햄버거집에서 저는 돈과 영혼을 모두 탈탈 털

리고 말았습니다. 민철이와 햄버거를 먹으며 깊은 이야기를 나누려 했던 제 자신이 한심할 정도로 아이들은 욕하며 웃으며 햄버거 먹기에 바빴고, 수시로 담배를 피우러 들락날락하느라 간단한 대화조차 할 수 없었습니다. 시간이 지나고 아이들이 어느 정도 햄버거를 다 먹고 나서야 겨우 한 마디를 꺼낼 수 있었습니다.

"민철아, 이거 먹고 이제 어디가?"

"갈 데 없는데요."

"그럼, 이제 뭐 해?"

"할 거 없는데요."

"그러면 집에 들어가니?"

"아니요. 저희 다 가출했는데요."

민철이의 거침없는 답변에 잠깐 넋을 잃었던 저는

그만 해서는 안 될 말을 했습니다.

"그럼, 전도사님 교회에 가서 놀다가 잘래? 대신 내일 아침에 예배는 꼭 드려야 된다."

"진짜요? 저희 가서 다 자도 돼요? 저희 거기서 놀아도 돼요?

교회 가자는 말 한마디에 이렇게 좋아할 줄 꿈에도 몰랐습니다. 그렇게 민철이와 아이들은 저를 따라나섰고 그날 이후로 약 1년 동안 열다섯 명 가까이 되는 위기청소년들이 토요일 저녁마다 교회에 와서 시간을 보낸 뒤 주일 청소년부 예배를 드리고 돌아갔습니다.

이 때문에 주일예배 준비로 가장 바쁜 토요일 저녁에 아이들과 놀아주고 밥을 해주느라 정신이 없었고 또 아이들이 밤에 사고를 칠까 봐 뜬 눈으로 주일을 맞이하기 십상이었습니다. 그럴 수밖에 없는 것이 일단 아이들이 교회에 왔다 하면 무조건 한두 건의 사건사고가 발생했기 때문입니다. 교회 마당에서 담배를 태우며 가래침을 뱉는다든지, 한밤중에 소리를 지르거나 오토바이 엔진소리로 동네를 시끄럽게 한다든지, 교회에 여자 친구들을 부른다거나 서로 주먹다짐하며 싸운다든지 단 한순간도 긴장을 늦출 수 없었습니다.

　한 번은 수습 불가능한 대형 사고가 발생하기도 했습니다. 사건 당일 분명히 아동부실에서 아이들이 잠든 것을 확인하고 저도 잠이 들었는데 새벽기도를 가려고 일어나보니 아이들이 다 사라지고 없었습니다. 불길한 예감에 아동부실을 나와 바로 옆 유치부실로 갔는데 아니나 다를까 아이들은 새벽 내내 술파티를 벌이다 잠들어 있었습니다. 담배도 얼마나 피워댔는지 유치부실에 담배 찌든 냄새가 가득했습니다. 잠시 후면 새벽기도가 시작되고 교인들이 몰려올 텐데 제 머릿속은 하얗게 변해버렸습니다. 주님 만나라고 교회에 데리고 온 아이들이 정작 엉뚱한 주(酒)님을 만나 입신하고 있으니 얼마나 당황스러웠는지 모릅니다.

　서둘러 아이들을 깨우고 술병들을 정리하게 한 뒤

한 줄로 세워놓고 역정을 냈습니다. 처음 본 저의 화난 모습에 민철이도 놀랬는지 술기운과 잠기운으로 비몽사몽이면서도 연실 죄송하다고 고개를 조아렸습니다. 그렇게 시끄러운 주일 아침을 보내고 예배를 드린 후에 민철이가 저에게 쭈뼛쭈뼛 다가오더니 조심스럽게 말을 걸었습니다.

"전도사님, 다음 주에 와도 되나요?"

"너희 오늘 나한테 엄청나게 혼났는데 그래도 오고 싶어?"

"네, 죄송해요. 다시는 안 그럴게요."

덩치는 산만한 아이들이 교회에 오게 해달라고 애원하는 모습에 서운함과 속상함은 눈 녹듯이 사라졌고 저는 이내 미소를 띠며 아이들에게 대답했습니다.

"그래, 다음 주에 또 보자."

그제야 아이들은 환하게 웃으며 집으로 돌아갔습니다. 멀어져가는 민철이와 아이들의 뒷모습을 바라보며 많은 생각이 들었습니다. 얼마나 사랑이 그리웠으면 이렇게 혼이 났는데도 오고 싶어 할까.

  아이들은 교회에 오면 저를 비롯한 청소년부 선생님들에게 따뜻한 환대를 받아왔습니다. 아이들이 느껴보지 못한 유일한 온기입니다. 늘 차가운 시선을 받고 차가운 말들을 듣고 차가운 밥을 먹으며 살았던 아이들인데 교회에만 오면 따뜻한 시선을 받고 따뜻한 말을 듣고 따뜻한 밥을 먹으니 얼어붙은 마음이 사르르 녹고 있었나 봅니다. 그래서 아이들은 교회에 오고 싶어 했습니다. 물론 교회 안에도 이 아이들을 향한 차가운 시선과 부정적인 평가를 하는 분들이 많이 계셨지만 말입니다.

  그날 이후로 민철이와 몇몇 아이들은 달라지기 시작했습니다. 예배도 제법 잘 드리고, 여름수련회도 따라가고, 추수감사절 찬양대회에서는 앞에 나가 직접 찬양을 부르기도 했습니다. 하루는 민철이와 단둘이 만나 이런저런 이야기를 나누고 있는데 민철이가 저에게 이런 말을 했습니다.

"저한테 이렇게 잘해주시는 어른은 전도사님이 처음이에요. 감사합니다."

어쩌면 민철이의 비행은 당연한지도 모릅니다. 보고 배운 게 그뿐이니까 말입니다. 툭하면 욕하고 싸우며 집을 나가는 어른에게서 가출과 폭행과 폭언을 배우고, 온갖 스트레스를 술과 담배로 푸는 어른을 보며 똑같이 닮아가는 것입니다.

이른 봄에 만났던 민철이와 친구들은 그해 겨울 저의 입대로 인해 헤어지게 되었습니다. 다행히도 성인이 된 아이들은 잘 살아주고 있었습니다. 취업을 해서 명함도 주고, 정류장교회에 찾아와주고, 제 생일날 선물도 보내줍니다. 잘 살아주어서 감사할 따름입니다.

아이들과 보낸 사계절이 너무 덥고, 간혹 추운 날도 있었지만, 분명히 푸르른 때도, 알록달록한 순간들도 있었습니다. 그래서 이 만남을 시작으로 지금까지도 위기청소년들을 만나고 있습니다. 그들에게서 소망을 보았기 때문입니다.

　세상 모든 아이가 사랑을 받고 자라듯이 위기청소년들도 따뜻한 사랑을 받고 자라면 바뀔 수 있습니다. 그러니 우리 모두가 따뜻한 사람들이 되었으면 좋겠습니다. 그래서 세상 모든 위기청소년들에게 첫 사람이 되어주면 좋겠습니다. 첫 사람. 처음으로 나를 사랑해 주고 환대해 주고 용서해 주는 첫 사람 말입니다. 이러한 어른을 만나서 위기청소년들이 잘 살아가기를 소망합니다.

2. 마데카솔 전도상

청소년 시기를 흔히 질풍노도의 시기라고 부릅니다. 질풍은 강한 바람을, 노도는 성난 파도를 의미하는데, 청소년들의 생각과 감정에는 하루에도 수십 번씩 강한 바람과 성난 파도들이 몰려오기 때문입니다.

질풍노도의 시기를 경험해 본 저로서도 그때를 생각하면 참 혼란스러웠던 것 같습니다. 중학생 때 가슴에 몽우리 같은 게 만져져서 이제 유방암에 걸려 죽겠다고 생각하며 몇 날 며칠을 괴로워했고, 고등학생 때는 친한 친구들이 다 메이커 교복을 입는데 저 혼자 시장 교복을 입고 다녀서 하루에도 수십 번씩 자퇴를 고민하기도 했습니다. 지금 생각해 보면 아무것도 아닌 일들인데 그때는 그 일들이 저에게는 강한 바람이었고 성난 파도들이었습니다.

이처럼 청소년들은 요동치는 감정들과 생각들로 인해 마음에 상처들이 많습니다. 그래서 저는 청소년들의 상처받은 마음에 새살이 돋아나도록 '마데카솔' 같은 어른이 되어줘야겠다고 결심했습니다. 이 결심은 에스겔 36장 26절 말씀을 읽다가 받은 은혜입니다.

> 너희에게 새로운 마음을 주고 너희 속에 새로운 영을 넣어 주며, 너희 몸에서 돌같이 굳은 마음을 없애고 살갗처럼 부드러운 마음을 주며

저는 아이들을 만나러 갈 때 '마데카솔 전도사'라는 별명으로 만났습니다. 아이들도 이 별명이 마음에 들었는지 저를 마데카솔 전도사님이라고 곧잘 불러주었습니다. 그런데 유독 한 아이만 저를 마데카솔 전도사가 아닌 마데카솔 '전도상'이라 불렀습니다. 바로 12살 된 진우라는 아이입니다.

진우는 지저분한 행색과 어눌한 말투로 학교 친구들과 어울리지 못했고 교회에서조차 늘 혼자였던 아이입니다. 진우를 교회에 데리고 나오신 권사님에게 진우의 상황에 대해 알아보니 진우는 일본인 어머니

와 한국인 아버지 사이에서 태어났다고 했습니다. 문제는 가정불화가 심해서 거의 할머니가 키우다시피 했다고 했습니다. 진우의 할머니와 이웃이었던 교회 권사님이 진우를 불쌍하게 여기고 교회로 데리고 오신 겁니다.

저는 그런 진우가 눈에 밟혔습니다. 한번은 교회 어린이들이 떼로 몰려와 진우가 교회 컴퓨터로 게임을 한다고 고자질했습니다. 그래서 진우를 아동부실 옆에 있던 교사실로 데려가 이야기를 나누었습니다.

"진우야, 왜 교회 컴퓨터로 게임을 했니?"

"심심해서요. 아무도 저랑 안 놀아주잖아요."

그렇게 말하더니 진우가 갑자기 펑펑 울기 시작했습니다. 자기도 친구랑 놀고 싶은데 아무도 놀아주지 않아서 서러웠던 모양입니다. 저는 진우를 품에 안아주며 이렇게 말했습니다.

"진우야, 그럼 나랑 놀자."

저는 아동부 아이들중에서도 특별히 진우랑 많은 시간을 보냈습니다. 일본말이 익숙했던 진우는 저를 전도상이라고 불렀는데 오히려 전도상을 받는 기분이 들어서 좋았습니다.

진우는 성인이 된 지금까지도 제 곁에 머물러 있습니다. 결국 부모님은 이혼하시고 어머니는 두 동생을 데리고 일본으로 떠나셨습니다. 아버지는 타지로 일을 나가시고 진우만 할머니와 살고 있습니다. 힘들 때는 울면서 전화하고, 햄버거를 사주면 금방 풀리기도 합니다. 얼마 전까지 폴리텍을 다니며 기술을 배웠지만 아무래도 취업을 하고 사회에 적응하는데 꽤 긴 시간이 걸릴 것 같습니다.

진우의 할머님도 이제 많이 쇠약해져서 진우의 앞날을 더 걱정하는 듯했습니다. 그래서 한 번은 진우에게 너도 어머니가 있는 일본으로 가야 하지 않느냐 물은 적이 있습니다. 그때 진우의 대답이 아직도 잊히지 않습니다.

"어머니가 있는 일본으로 가고 싶지만 그러면 할머니가 혼자 계시기에 갈 수가 없어요."

이 와중에도 할머니 생각을 하고 있다니, 진우의 깊고 따뜻한 마음에 큰 감동을 받았습니다. 진우는 맛있는 것을 사준다고 연락해도 할머니랑 먹어야 하니 다음에 먹자고 거절하는 착한 아이입니다. 여전히 진우는 제게 아픈 손가락이고 수시로 찾아오는 두통의 원인이기도 하지만 여전히 진우는 저에게 사랑이고 기도 제목입니다.

언젠가는 진우도 스스로 모든 걸 해내야 할 날이 올 텐데, 그때 진우가 외롭지 않도록 마데카솔 목사가 곁에 있어 줘야겠습니다. 진우가 살아갈 날들이 결코 쉽지 않겠지만 그래도 진우가 잘 살아냈으면 좋겠습니다.

차가운 삶을 살아왔음에도 여전히 식지 않고
따뜻한 마음을 가지고 있는 진우야,
항상 너의 인생을 응원한다!

3. 우리 아이가 달라졌어요

    2013년에 개봉한 니콜라스 홀트와 테레사 팔머 주연의 <웜바디스>라는 영화가 있습니다. 아이작 매리언의 소설을 바탕으로 제작한 웜바디스는 좀비를 소재로 하고 있지만 장르는 어울리지 않게 로맨틱 코미디입니다. 다소 B급 좀비 영화처럼 느낄 수도 있지만 개인적으로는 지금까지 본 영화 중에서 열 손가락 안에 드는 인생 영화입니다. 한 번 보고 너무 감명 깊은 나머지 교회 아이들을 데리고 가서 또 시청할 정도였습니다.

    간략한 줄거리를 소개하자면, 니콜라스 홀트가 연기한 좀비 'R'은 자신의 이름도 나이도 과거도 아무것도 모른 채 폐쇄된 공항에서 다른 좀비들과 살고 있었습니다. 그러던 어느 날, 줄리라는 어여쁜 소녀를 만나게 됩니다. 줄리가 생존에 필요한 물자들을 구하기 위해 위험을 무릅쓰고 공항으로 진입을 했는데 거기서 R과 마주친 것입니다. 좀비 R은 줄리를 보자마자 한눈에 반하고 차갑게 식어있던 심장이 다시 뛰기 시작합니다. 그리고 이내 사랑이라는 감정을 느끼고 위험에 처한 줄리를 지켜주기 시작합니다. 이런 R의 모습에 줄리도 사랑의 감정을 느끼며 좀비와 인간이 사랑에 빠지게 된다는 영화입니다.

전도사가 교회 아이들을 데리고 좀비 영화를 보러 가는 것도 이상한데 여기다 좀비와 사람이 서로 사랑에 빠졌다는 막장 스토리까지 더해지니 아이들도 이상하게 생각했습니다. 그런데도 제가 이 영화를 꼭 아이들에게 보여줘야겠다고 마음먹은 것은 바로 이 영화의 결말 때문입니다.

영화 후반부에 들어서자 줄리라는 어여쁜 소녀와 좀비 R의 사이는 더욱 깊어집니다. 무엇보다 줄리가 지극정성으로 좀비 R을 사랑해 주고 보살펴주자, 좀비 R이 사람으로 변화된 것입니다. 이 사건을 계기로 사람들은 좀비를 증오의 대상으로 여기며 죽이려 하지 않고 오히려 불쌍히 여기며 품어주기 시작했습니다. 좀비들이 점점 회복되어 서로 공존하게 되었다는 내용으로 영화는 마무리됩니다. 결국 치료제는 '사랑'이었던 것입니다.

이 영화를 보면서 눈물이 날 정도로 큰 위로와 용기를 얻었습니다.

'사랑은 좀비의 심장도 다시 뛰게 하는구나!'

'사랑은 좀비도 변화시키는구나!'

'그래, 포기하지 말고 예수님의 마음으로 아이들을 사랑하자. 그럼 아이들이 변화될 것이다.'

제가 만났던 그리고 지금도 만나고 있는 위기청소년들은 어떻게 보면 좀비 같은 아이들입니다. 차가운 상황에 오래 방치되어서 감정도 표정도 다 식어버린 아이들입니다. 좀비처럼 자기 몸과 마음에 상처가 많기도 하고, 다른 사람에게 손해를 입히기도 합니다.

열여덟 살 민희라는 아이가 그랬습니다. 민희의 아

버지는 평소에는 괜찮으시다가 술만 드시면 폭력적으로 돌변하셨고 민희에게 온갖 악한 말들을 쏟아내셨습니다. 또 민희는 초등학생 때부터 계속 왕따와 학교폭력을 당하기도 했습니다. 가정에서도, 학교에서도 충분한 사랑을 받지 못한 민희는 결국 오픈 채팅방으로 여러 남자를 만나며 허전한 마음을 채우던 아이였습니다.

한가로웠던 어느 날 오후, 휴대전화 벨소리가 요란하게 울렸습니다. 민희였습니다.

"민희야 이 시간에 무슨 일이야? 학교 안 갔어?"

"목사님, 저 너무 힘들어서 조퇴했어요. 지금 목사님 만나러 가도 돼요?"

"그래 민희야, 교회로 와. 우리 맛있는 것 먹으러 가자."

민희는 다짜고짜 울음을 터뜨리며 자기를 만나달라고 했습니다. 그래서 민희와 만나 밥을 먹고 이야기를 나누었습니다. 민희는 학교에서 따돌림을 당했고, 정신적으로 너무 스트레스를 받아서 조퇴를 신청하고 저를 만나러 온 것입니다.

학교에서 혼자 밥 먹는 것도 창피하고 무리를 지어 다니는 아이들 속에서 혼자 있는 것도 너무 서럽다고 했습니다. 이런 상황에서 가정이라도 따뜻하면 좋을 텐데. 태풍이 몰려오면 강물도 넘친다고 했던가요. 힘든 일은 꼭 겹쳐서 일어납니다. 전날 밤에는 술에 잔뜩 취하신 아버지로부터 폭언을 들었습니다.

민희는 하루에 가장 많은 시간을 보내는 집과 학교에서 편히 마음 둘 곳이 없었습니다. 저는 그런 민희를 안타깝게 여기며 잘 대해주었습니다. 새벽에도, 낮에도 전화가 오면 더 신경 써서 받아주었습니다. 민희에게 유일한 온기가 저와 교회라는 생각에 각별히 신경을 썼습니다.

그러면서도 민희에게 너는 혼자가 아니라고 수시로 이야기도 하고, 외롭다고 남자들을 함부로 사귀지 말고, 아버지가 폭언을 하실 때면 나한테 전화해서 펑펑 울라고도 했습니다. 또 일부러 석식당 봉사를 하게 했습니다. 석식당 선생님들의 지지와 사랑을 받으며 마음의 안정을 찾게 해주고 싶었기 때문입니다. 혹여나 사람들한테 받은 스트레스가 증오심으로 바뀔까 봐 사람을 사랑하는 일에 동참하게 했습니다.

그렇게 2년 가까이 민희가 석식당에 나오면서 민희의 슬펐던 얼굴에 웃는 날이 많아졌고, 어느덧 씩씩한 아이가 되어 지금은 어엿한 대학생이 되었습니다. 무엇보다 민희의 꿈이 바뀌었습니다. 원래는 요리사가 꿈이었던 아이였는데 지금은 사회복지사를 꿈꾸며 사회복지학과에 진학했습니다. 요리사가 꿈이던 아이가 석식당에서 요리하더니 사회복지사로 꿈이 바뀐 것은 참 아이러니합니다. 그래서 민희에게 물어봤더니 석식당에서 받은 사랑의 경험을 가지고 다른 사람들을 도와주고 회복시키는 사회복지사의 꿈을 꾸게 되었다는 것입니다.

민희가 사랑을 먹고 사랑을 받고 사랑을 하더니 달라졌습니다. 마치 웜바디스의 좀비 R이 줄리의 사랑을 통해 사람으로 변화된 것처럼 말입니다. 이처럼 사랑에는 사람을 변화시키는 힘이 있습니다. 인류 최고의 백신은 사랑입니다.

  하나님께서도 인류를 구원하시기 위해 선택하신 방법이 바로 사랑이었습니다. 죄로 인해 타락한 인류 사회를 멸망시키거나 강압적으로 회유시키지 않고 독생자 예수 그리스도를 이 땅에 보내셔서 손수 사랑하며 섬기게 하셨습니다. 결국 이러한 예수님의 사랑을 받은 사람들은 그를 진정한 메시아로 고백하며 하나님께로 돌아오게 되었습니다.

[요한복음 3장 16절]
하나님께서 세상을 이처럼 사랑하셔서 외아들을 주셨으니, 이는 그를 믿는 사람마다 멸망하지 않고 영생을 얻게 하려는 것이다.

[요한1서 4장 9~10절]
하나님의 사랑이 우리에게 이렇게 드러났으니, 곧 하나님이 자기 외아들을 세상에 보내주셔서 우리로 하여금 그로 말미암아 살게 해주신 것입니다. 사랑은 이 사실에 있으니, 곧 우리가 하나님을 사랑한 것이 아니라, 하나님이 우리를 사랑하셔서, 자기 아들을 보내어 우리의 죄를

위하여 화목제물이 되게 하신 것입니다.

[로마서 5장 8절]

그러나 우리가 아직 죄인이었을 때에, 그리스도께서 우리를 위하여 죽으셨습니다. 이리하여 하나님께서는 우리들에 대한 자기의 사랑을 실증하셨습니다.

이처럼 하나님은 우리를 고치시기 위해 사랑이라는 치료제를 사용하셨습니다. 그래서 우리는 더욱 사랑해야 합니다. 사랑할 때 비로소 달라지기 때문입니다. 사랑받지 못해서 여전히 아픈 삶을 살아가는 이 땅의 모든 위기청소년들이 자신을 듬뿍 사랑해 주는 어른들을 만나기를 기도합니다.

민희야, 너도 다른 누군가를 듬뿍 사랑해 주는 인생이 되렴!

4. 아이러브유

　인류의 생존에 있어서 가장 중요한 에너지 자원을 꼽으라고 하면 단연 석유일 것입니다. 대체 에너지가 끊임없이 개발되고 있지만 그래도 여전히 석유가 인류사회에 미치는 영향력은 대단합니다. 운송수단이나 석유화학제품의 기본 원료로도 사용이 되며, 약품 및 화장품 생산과 전력을 생산할 때도 석유가 필요합니다. 만약 하루아침에 지구상의 모든 석유가 증발해 버린다면 세상은 그야말로 혼돈 그 자체가 될 것입니다. 이 정도로 석유는 인류에게 중요한 에너지입니다.

　그런데 석유만큼이나 인류 생존에 지대한 영향을 미치는 에너지가 있습니다. 바로 '아이러브유'입니다.

아무리 석유가 넘쳐난다 해도 아이러브유가 없다면 인류는 생육하고 번성하고 땅에 충만하지 못한 채 시들어져 버리고 말 것입니다. 제가 만났던 준현이라는 아이처럼 말입니다.

준현이를 처음 만난 건 소년 위탁보호 위원으로 활동할 때입니다. 당시 중학교 3학년이던 준현이는 절도사건으로 소년 재판을 받아 1호 처분을 받았습니다. 6개월 동안 소년 위탁보호 위원의 감호위탁을 받아야 해서 준현이와 만나게 되었습니다. 준현이는 땅땅하고 험상궂게 생겼지만 속은 얼마나 여린지, 풀려버린 수도꼭지에서 흘러내리는 물처럼 수없이 눈물을 흘리던 아이였습니다.

준현이는 부모님이 이혼하시고 삼촌 집에서 살았는데, 새벽 늦게까지 놀다가 돈이 떨어지면 돈을 훔친다거나 빼앗곤 했었습니다. 그런 준현이와 6개월 동안 상담을 하면서 밥도 많이 사주고 시간도 많이 보냈습니다. 준현이는 이런 제가 맘에 들었는지 수시로 연락해서 저를 귀찮게 했습니다.

"전도사님, 저랑 병원 좀 같이 가주세요. 귀가 아파서요."

"전도사님, 뭐 하세요? 놀러 가도 되나요?"

"전도사님, 보고 싶어서 그냥 전화했어요."

"전도사님, 배가 고픈데 햄버거 좀 사 주세요."

"전도사님, 저 병원에 입원했는데 병문안 좀 와주세요."

준현이는 제가 바쁘다는 이유로 안 만나주면 몹시 서운해했고 또 다른 친구와의 갈등 상황 속에서 준현이 편을 안 들어주면 눈물을 흘리기까지 했습니다.

한 번은 밤 12시가 넘어 준현이에게 전화가 왔습니다.

"전도사님, 제가 지금 어떤 누나한테 맞았는데 여기로 와주실 수 있을까요?"

자다 말고 받은 전화여서 기분이 안 좋았던 저는 준현이를 다그쳤습니다.

"준현아, 지금 시간이 몇 시야? 내가 밤에는 집에 들어가라고 했지? 그 시간에 그렇게 밖에 나돌아 다니니깐 그런 사고가 나는 거 아니야?"

준현이는 자신을 이해해 주지 않고 다그친 것이 서러웠는지 울음을 터뜨렸습니다.

"전도사님은 잘 알지도 못하면서 왜 저한테 뭐라고 그러세요? 다신 연락 안 할 거예요."

또 한번은 준현이가 함께 교회에 나오던 아이를 공갈 협박해서 재판을 받은 적이 있었는데 그때도 저는 피해를 당한 아이의 편을 들어주며 준현이를 혼냈습니다. 그러자 준현이는 왜 그 아이 편만 들어주냐며 제 연락을 몇 달간 피하기도 했습니다. 하지만 그때마다 준현이는 항상 제게 먼저 연락을 해오며 죄송하다며 말을 건넵니다. 이런 준현이의 모습을 보며 마음이 매우 아팠습니다.

'얼마나 사랑을 못 받고 자랐으면 나랑 멀어지는 걸 두려워하고 내가 조금이라도 다른 아이를 신경쓰면 불안해하는 걸까. 얼마나 사랑을 받고 싶으면 저렇게 안간힘을 쓰는 걸까.'

준현이가 소년 재판을 받으러 법원으로 가던 날. 저는 준현이와 함께 차를 타고 법원으로 향했는데 그때 준현이의 표정을 잊을 수가 없습니다. 분명 재판을 받으러 가는 차 안인데 소풍 가는 아이처럼 얼마나 행복해했는지 모릅니다.

준현이는 어려서부터 아버지와 어머니로부터 사랑을 받은 경험이 없어서 사랑을 받을 줄도 모르고 사랑을 할 줄도 모르는, 늘 사랑이 고픈 아이입니다. 성인이 된 지금도 사랑을 받으려 안간힘을 쓰는 준현이를 보며 속상할 따름입니다. 사랑받지 못해 시들어져 버린 준현이에게 지금 필요한 건 아이러브유입니다.

아버지와 어머니에게서 얼마나 듣고 싶었을까요.

준현아, 아이러브유!

5. 회귀본능

　연어는 바다에서 생활하다가 산란기가 되면 자신이 태어났던 강으로 되돌아가려는 회귀본능을 가지고 있습니다. 이러한 회귀본능은 사람에게도 나타나는데요. 사람은 불안함을 느끼거나 극도의 스트레스를 받게 되면 안전하거나 익숙한 예전의 상태로 돌아가려는 욕구가 생긴다고 합니다.

　민수기에 보면, 이스라엘 백성들은 홍해를 갈라서 길을 만드시고 바로의 군대를 수장시키셨던 하나님의 능력을 경험하고도 광야라는 불안감과 배고픔이라는 스트레스를 못 이겨 다시 힘들었던 이집트의 삶으로 돌아가려고 했습니다.

[민수기 11장 4-6절]
이스라엘 자손 가운데 섞여 살던 무리들이 먹을 것 때문에 탐욕을

품으니, 이스라엘 자손들도 또다시 울며 불평하였다. "누가 우리에게 고기를 먹여 줄까? 이집트에서 생선을 공짜로 먹던 것이 기억에 생생한데, 그 밖에도 오이와 수박과 부추와 파와 마늘이 눈에 선한데, 이제 우리 눈에 보이는 것이라고는 이 만나밖에 없으니, 입맛마저 떨어졌다."

[민수기 14장 2-4절]

온 이스라엘 자손이 모세와 아론을 원망하였다. 온 회중이 그들에게 말하였다. "차라리 우리가 이집트 땅에서 죽었더라면 더 좋았을 것이다. 아니면 차라리 우리가 이 광야에서라도 죽었더라면 더 좋았을 것이다. 그런데 주님은 왜 우리를 이 땅으로 끌고 와서, 칼에 맞아 죽게 하는가? 왜 우리의 아내들과 자식들을 사로잡히게 하는가? 차라리 이집트로 돌아가는 것이 좋겠다!" 그들은 또 서로 말하였다. "우두머리를 세우자. 그리고 이집트로 돌아가자."

이스라엘 백성들에게 이집트는 분명히 고통과 신음을 쏟아내며 노예 생활을 하던 힘든 곳인데 새로운 불안과 맞닥뜨리니 다시 이집트로 돌아가려는 회귀본능을 가졌습니다.

호세아의 아내였던 고멜도 마찬가지입니다. 하나님은 호세아 선지자에게 음란한 여인 고멜과 결혼을 하라고 하시고 가정을 이루게 하셨습니다. 이는 부정한 삶을 살았던 고멜의 입장에서는 대단한 축복이자 은혜입니다. 그러나 고멜은 호세아의 무조건적인 사랑에도 불구하고 남편을 떠나 이전의 음란했던 삶으로 되돌아갔습니다.

[호세아 1장 2절]

주님께서 처음으로 호세아를 시켜 이스라엘 사람들에게 말씀하실 때에, 주님께서는 호세아에게 다음과 같이 말씀하셨다. 너는 가서 음란한 여인과 결혼하여, 음란한 자식들을 낳아라! 이 나라가 주를 버리고 떠나서, 음란하게 살고 있기 때문이다.

[호세아 3장 1절]

주님께서 나에게 또 말씀하셨다. 너는 다시 가서, 다른 남자의 사랑을 받고 음녀가 된 그 여인을 사랑하여라. 이스라엘 자손이 다른 신들에게로 돌아가서 건포도를 넣은 빵을 좋아하더라도, 나 주가 그들을 사랑하는 것처럼 너도 그 여인을 사랑하여라!

어쩌면 민수기의 이스라엘 백성들과 호세아서의 고멜은 어둠과 차가움이 익숙한 사람들이었기에 사랑이 주는 밝음과 따뜻함을 불편해하며 과거의 삶으로 회귀했는지 모릅니다.

제가 만나는 아이들이 그랬습니다. 한번은 열다섯 살 수연이가 남자 친구를 따라 석식당에 찾아왔습니다. 수연이의 남자 친구는 이미 오래전부터 석식당에 나오던 열아홉 살 아이였는데 부모님이 이혼하고 돌봐주지 않아서 혼자 자취하고 있었던 또 한 명의 위기청소년이었습니다.

수연이의 행색이 오랜 가출 생활을 한 아이처럼 지저분해 보여서 불러다 자초지종을 물어봤습니다. 수연이는 부모님이 안 계셔서 초등학교 6학년 때까지 친척 집에서 살다가 학대를 당하고 분리되어 청소년 보호시설에서 지내고 있었습니다. 그러다가 시설에서도 폭력과 따돌림 등의 여러 가지 어려움을 겪고 급하게 도망쳐 나와서 채팅방으로 지낼만한 곳을 알아보던 중에 홀로 자취하던 남자아이 집으로 들어오게 된 것입니다. 남자아이는 여자 친구가 필요했고 여자아이는 지낼 곳이 필요해서 이 둘이 사귀기로 한 것입니다.

수연이가 처한 상황이 너무 위험하고 불안했습니다. 그래서 다른 시설로 돌려보내려고 노력했지만 이미 시설에 대한 반감이 컸던 수연이는 완강히 거부했습니다. 그렇다고 마냥 다 큰 남자의 집에서 지내는 것을 지켜볼 수는 없었습니다. 그래서 수연이를 보호하던 시설 선생님과 시청 담당 공무원과 긴밀하게 상의 후, 수연이를 가정 위탁 보호하기로 결정 내렸습니다. 그나마 수연이가 저의 집으로 들어오는 것에는 큰 거부감이 없었기 때문에 저희 가정이 그 역할을 하기로 했습니다.

결혼하고 시간이 꽤 지났지만, 아직 자녀가 없었던 저와 아내에게 졸지에 열다섯 살짜리 아이가 생겼습니다. 그렇게 저와 아내, 수연이는 한 지붕 아래에서 위험한 동거를 시작했습니다. 그리고 이 동거는 제가 예상했던 것보다 몇 배로 더 힘들었고 감정노동도 심했습니다. 오죽하면 아내와 처가 식구들을 볼 면목이 없을 정도였습니다.

그럼에도 저는 수연이를 열심히 보살폈습니다. 일단 다시 학업을 이어가기 위해 이전에 다니던 학교와

교육청에 연락해서 학업중단 숙려제를 신청하고, 교육을 다닐 때마다 데려다주고 데리러 갔습니다. 바쁜 와중에도 함께 자전거도 타고 영화도 관람하고 장도 보러 가며 시간을 보냈습니다. 여느 아빠처럼 말입니다.

제 아내는 수연이에게 건강한 집밥을 차려주었고 예쁘고 깨끗한 옷들로 입혔습니다. 그리고 수연이의 방을 예쁘게 꾸며주었습니다. 아이를 키워본 적이 없는 아내는 딸을 키우는 친구들에게 물어가며, 인터넷 정보를 찾아 수연이에게 최선을 다했습니다. 그리고 위생 관념과 성 관념 등을 철저히 알려주며 수연이가 자기 몸을 소중히 여기도록 하였고 용돈 관리도 해주었습니다. 여느 엄마처럼 말입니다.

저희 부부는 수연이가 여느 아이들처럼 평범하고 안전하고 따뜻하게 사는 것이 얼마나 좋은지를 경험하게 해서 이전에 어둡고 차가운 삶으로 되돌아가지 않도록 최선을 다했습니다.

그러나 밤마다 수연이 안에서 꿈틀거리는 회귀본

능은 힘겹게 빚은 도자기에 균열을 만들었습니다. 수연이는 밤만 되면 돌변했습니다. 저와 아내가 잠든 사이 몰래 집을 나가 친구들과 술을 먹고 다음 날 늦게 들어오기 일쑤였고, 어떤 때는 피투성이가 되어 들어오기도 하였습니다. 그래서 저는 수연이가 밤에 집을 나가면 걱정이 돼서 잠도 못 자고 수연이를 찾으러 다녔습니다.

한번은 늦은 밤에 해바라기 센터에서 연락이 왔습니다. 위탁보호를 하는 아이가 성폭행을 당하고 해바라기 센터로 왔다는 것입니다. 저와 아내는 요동치는 심장을 간신히 부여잡고 해바라기 센터로 가서 수연이를 만났습니다. 해바라기 센터에서 근무하는 형사님에게 이야기를 들어보니 수연이가 전에 사귀던 남자랑 헤어지고 새로운 성인 남자를 사귀고 있었는데, 그 남자와 원치 않는 성관계를 해서 해바라기 센터에 찾아왔다는 것입니다.

밤에 나가서 모르는 사람들과 어울려 술을 마시면 위험하다고 그토록 말했건만 결국 사고가 터지고 만 것입니다. 사건 당일에도 낮에 수연이와 이야기를 하며 다시는 밤에 집을 나가지 말라고 타일렀습니다. 하지만 수연이는 그날 밤 또다시 가출했고 그만 안타까운 사고를 당하고 말았습니다.

수연이가 응급실에서 검사를 받는 동안 제 얼굴은 어두운 밤을 옮겨놓은 듯 절망스러웠습니다. 머릿속은 너무나 복잡했고 어떻게 해야 할지 알지 못했습니다. 이런 제 얼굴을 보더니 수연이가 조심스럽게 말을 꺼냈습니다.

"목사님, 죄송해요. 많이 화나셨죠. 저 포기하셔도 돼요."

저는 아무 말도 하지 않은 채 가만히 수연이를 바라보았습니다. 얼른 괜찮다고 하며 수연이를 안심시켜야 했는데 그 어떤 말도 입 밖으로 나오지 않았습니다. 머릿속으로 수많은 문장과 단어들이 지나갔지만 말할 힘조차 없었습니다.

이 사건 이후로도 수연이는 끊임없이 밤만 되면 집을 나갔습니다. 딱히 저희 부부와 갈등도 없었고 다른 문제도 없었는데 밤만 되면 집을 나갔다가 다음 날 오후에 들어왔고, 자고 일어나서 씻은 뒤 또 밤이 되면 집을 나갔습니다. 그렇게 3개월 가까이 지내다가 결국 가정 위탁 보호를 종결하고 수연이는 아는 언니 집으로 이사하게 되었습니다.

수연이의 가정 위탁 보호를 신청할 당시 위탁 보호 기관 담당자를 만나서 면접을 본 적이 있습니다. 그때 담당자가 제게 이런 질문을 했습니다.

"목사님이 젊고 아이를 키워보지 않아서 우려는 되지만 목사님이 하시는 일과 성품을 믿고 수연이를 맡깁니다."

이렇게 해서 어렵게 진행된 가정 위탁 보호였고, 시청 여성가족과에서도 어떻게든 가정 위탁 보호를 유지하려고 최선을 다했는데 결국 부적응 문제로 종결이 되었습니다. 그때는 수연이가 너무 야속했는데 지금 생각해 보면 수연이의 입장도 이해가 됩니다. 열다섯 살 사춘기 소녀가 보호자도 없고 집도 없다는 이유로 몇 번 만나지 않은 목사의 집에 들어와 산다는 것이 얼마나 불편했을까요? 아마 남모르게 눈치도 많이 봤을 것입니다.

수연이가 이사 가던 날, 저와 아내와 수연이는 펑펑 울었습니다.

"목사님, 그동안 너무 잘해주셨는데 속도 많이 썩이고 말도 안 들어서 죄송해요."

"수연아. 내가 더 잘해주지 못해서 미안해. 내가 견뎌주지 못해서 미안해."

그렇게 수연이는 익숙했던 어둡고 차가운 곳으로 돌아가고 말았습니다. 이후 저는 수연이의 회귀본능을 막지 못했다는 죄책감에 한동안 다른 아이들의 연락도 피할 만큼 마음고생을 심히 했고, 밤에는 심장 뛰는 소리와 눈물처럼 흘러내리는 식은땀에 잠을 이루지 못했습니다.

그런데 수연이는 지금도 저와 연락을 주고받으며 지내고 있습니다. 열여덟 살이 된 수연이는 여전히 친구 집, 언니 집, 남자 친구 집을 돌아다니며 힘겨운 생존을 이어가고 있습니다. 그럼에도 수연이는 불평불만을 쏟아내지 않고 언제나 씩씩하게 살아가고 있습니다.

 수연이를 생각하며 글을 쓰는 이 와중에도 제 눈가에는 눈물이 한 움큼 고여있습니다. 그만큼 수연이는 저에게 애틋한 아이입니다. 저희 가정에 처음으로 찾아온 아이기도 하고, 스승의 날이 아닌 어버이날에 처음으로 꽃을 선물해 준 아이였습니다.

 우리 수연이는 얼마나 모진 세월을 살았길래 모텔방이 아늑하고, 배달 음식이 소화가 잘되고, 모르는 사람들과의 술자리가 편안하다고 느낄까요? 우리는 함부로 수연이의 인생에 대해 평가해서는 안 될 것입니다. 어쩌면 수연이는 그 누구보다 강하고 단단한 아이입니다. 그렇기에 지금도 이렇게 살아내고 있는 것입니다.

 수연이의 원가정이 따뜻하고 안전하고 배불렀다면, 집 떠나온 수연이의 회귀본능은 수연이를 회복으로 이끌어주었을 텐데, 수연이의 차갑고 불안했던 원가정이 아쉬울 뿐입니다. 부디 우리 수연이가 언제 어디서나 안전했으면 좋겠습니다.

6. 사랑 참 어렵다

사랑은 정말 있기는 한 거니

내 맘을 다 줘도 왜 항상 떠나가는지

다시 사랑할 수 없을 것 같아 사랑 참 어렵네요

문득 보고 싶어서 문득 그리워져서

하루에도 몇 번씩 아파 내 멍든 가슴을

온통 너로 가득 차

난 아무것도 할 수가 없어.

사랑 참 어렵다 어렵다 너무 힘들다

있는 그대로 날 바라보면 괜찮을 텐데

사랑 참 어렵다 어렵다 많이 아프다

내 모든 걸 다 주어도 부족한 사랑 참 어렵다

가수 이승철 씨가 2009년에 발매한 <사랑 참 어렵

다>는 노래의 가사 일부분입니다. 최근에는 임수향 배우와 지현우 배우 주연의 <미녀와 순정남>이라는 드라마의 OST로 선정되면서 가수 송하예 씨가 구슬픈 감성으로 리메이크하기도 했습니다. 힘겹고 아픈 사랑을 이어가는 연인들의 사랑 이야기지만 저는 이 노래를 들을 때마다 부모와 자녀의 힘겨운 사랑 이야기로 들립니다.

이따금 아이들의 보호자들이 아이들 문제로 제게 연락을 해오거나 직접 찾아오실 때가 있습니다. 이때마다 대부분의 보호자들은 아이들 문제로 아파하며 하염없이 눈물을 흘리시곤 합니다. 이러한 보호자들의 아픔에 전부는 아니지만 저도 어느 정도 공감할 수 있습니다. 부모님들에 비하면 저의 아픔은 새 발의 피겠지만 저 또한 위기청소년을 데리고 살아본 경험이 있기 때문에 이 일이 얼마나 아프고 힘든지, 얼마나 애태우며 마음 졸이고 있는지 잘 알고 있습니다.

이렇게 아이들 문제로 저를 찾아오시거나 연락을 주시는 보호자들은 대부분 아이에게 최선을 다하는 좋은 분들입니다. 어떤 보호자들은 자녀가 사고를 치든 말든 무관심하고 심지어 자녀의 소년 재판에도 나타나지 않는 일도 있습니다. 그나마 자녀에게 관심이 있으신 분들이기에 저를 찾아온다고 생각합니다. 그렇게 보호자들과 만나서 이야기를 나눠보면 보호자들은 아이들과 그야말로 <사랑 참 어렵다>의 가사처럼 힘겨운 사랑을 하고 있습니다. 아이들은 보호자들이 마음을 다 줘도 떠나가고 모든 걸 다 주어도 부족하다고만 느끼며 수시로 가출하고 무단결석을 하고 사고를 치기 일쑤입니다.

도대체 왜, 열심히 사랑하는 보호자들을 두고, 아이들은 비행을 저지르는 걸까요? 이유는 간단합니다. 아이들이 받고 싶은 사랑과 어른들이 주는 사랑에 차이가 있기 때문입니다. 세계적으로 유명한 상담가이자 목회자인 게리 채프먼 목사님이 쓴 『사랑의 5가지 언어』와 『사춘기부모학교』를 보면, 연인 사이뿐만 아니라 부모와 자녀 관계에서 문제가 생기는 이유는 상호 간의 사랑의 언어가 다르기 때문이라고 합니다. 쉽게 말해서 부모들이 주는 사랑과 자녀들이 받고 싶은 사랑이 서로 달라서 부모가 아무리 최선을 다해 자녀를 사랑해도 자녀들은 전혀 사랑을 받고 있지 않다고 느낀다는 것입니다.

한번은 주찬이라는 15살 남자아이가 석식당에 왔습니다. 얼굴이 너무 어두워 보이길래 '진실의 방'으로 불러내어 이야기를 나누었습니다. 진실의 방은 정류장교회 한쪽에 있는 제 사무실 공간인데 영화 <범죄도시>를 보며 이름을 붙여 봤습니다. 아이들이 적어도 이곳에서만큼은 진실한 이야기를 나누었으면 좋겠다는 바람으로 지은 것입니다. 그래서 그런지 아이들은 진실의 방에 오면 속 이야기를 잘 털어놓습니다.

"주찬아, 무슨 일 있어? 왜 이렇게 얼굴이 어두워?"

주찬이의 상황은 친구들에게 익히 들어서 잘 알고 있었습니다. 수시로 가출과 무단결석을 하고 선배들과 어울려 다니며 비행을 저지르는 중이었는데, 직접 주찬이에게 이야기를 듣고 싶어서 모른 체 하고 대화를 시도했습니다.

"요새 너무 힘들어요. 집에도 안 들어가고 학교도 안 가고 있어요."

"주찬아, 왜 가출하고 학교도 안 갔니? 집에서 무슨 일 있었어?"

"엄마가 누나만 예뻐하고 저한테는 잔소리만 해요. 그래서 집에 들어가기 싫어요."

심지어 주찬이는 진지하게 이런 생각까지 하고 있었습니다.

"저는 요새 제 부모님이 진짜 부모님이 아니고 저를 입양하신 게 아닐까 생각해요. 그러니까 저를 이렇게 사랑하지 않죠."

주찬이의 이야기는 꽤 충격적이었습니다. 도대체 주찬이의 부모가 어떻게 대했길래 주찬이가 자기를 입양아라고 생각할까. 이후로도 주찬이는 계속해서 집에도 안 들어가고 학교도 안 가며 방황을 이어가고 있었습니다. 여러 번 밤늦게 만나 햄버거를 사 먹이며 집에 돌려보내기도 했는데 그때뿐이었습니다. 저 역시 주찬이의 부모님을 도저히 이해할 수 없었습니다.

그러던 어느 날, 모르는 번호로 전화가 왔습니다. 주찬이의 어머님이었습니다. 저를 만나고 싶다고 하셔서 교회에서 만나기로 했습니다. 그렇게 주찬이 어머님을 기다리는 동안 과연 어떤 분이실까, 또 오셔서 뭐라고 말씀하실지 깊은 생각에 잠겼습니다.

'주찬이 어머님은 분명 성격이 강하실 거야. 그러니깐 주찬이에게 함부로 하셨겠지? 옷도 화려하게 입으시고 화장도 진하게 하셨을 거야. 온갖 휘황찬란한 액세서리들을 몸에 두르고 나타나실지도 모르지. 분명히 나한테 항의하시려고 나를 보자고 하신 것 같아.'

혼자 상상의 나래를 펼치면서 이런 생각까지 했었습니다.

'당신이 집 나간 애한테 밥을 주니까 애가 안심하

고 더 집을 나가는 것 아니에요?'

　이렇게 엉뚱한 생각에 잠겨있는데 교회 문이 열리더니 주찬이 어머님이 들어오셨습니다. 제가 그렸던 이미지와는 전혀 다르게 화장기 하나 없고, 왜소하고 한없이 여려 보이는 주찬이 어머님이 수줍게 인사하시며 들어오셨습니다. 어머님은 모든 예의를 갖추어 저를 대해주셨고 심지어는 자기 아이를 잘 챙겨주셔서 감사하다는 인사까지도 건네주셨습니다. 제가 생각했던 모습과는 정반대의 모습이었습니다.

　그렇게 주찬이의 어머님과 마주 앉아 이야기를 나누었습니다. 주찬이 어머님은 눈물을 머금고 그동안 주찬이와 있었던 일들을 이야기 해주었는데 제 눈가에도 눈물이 맺힐 만큼 힘들고 처절한 이야기들이었습니다.

　주찬이 어머님은 고3이 된 딸을 신경 쓰느라 상대적으로 주찬이에게 신경을 덜 썼고, 집안의 모든 분위기가 딸 위주로 흘러갔다고 했습니다. 그러다 보니 예민해진 어머님께서 평소보다 주찬이에게 잔소리를 많이 하고 편애를 했다고 했습니다. 주찬이 입장에서는 엄마가 누나한테만 다정하고 잘해주고 자기한테는 예민하고 잔소리를 하니깐 불만스러울 수밖에 없었습니다.

하지만 분명한 것은 주찬이 어머님은 여전히 주찬이를 사랑하고 있었습니다. 본인도 고3 된 딸을 더 신경 쓰느라 주찬이를 신경 못 쓰고 있다는 사실을 인지하고, 미안한 마음에 주찬이가 필요하다고 하는 것들을 다 돈으로 채워줬다고 했습니다. 어머니는 나름대로 노력하고 있었던 것입니다. 하지만 주찬이가 엄마에게서 받고 싶었던 사랑은 돈이 아니었습니다. 바로 다정함이었습니다. 다정하게 눈 마주쳐주고 다정하게 말을 건네주고 다정하게 함께 해주는 엄마가 주찬이에게 필요했던 것입니다.

저는 주찬이 어머님을 위해 기도를 해드리고 주찬이와 다정하게 함께 보내는 시간을 많이 가져달라고 말씀드렸습니다. 그날 주찬이 어머님은 처음 만난 제 앞에서 실컷 울고 가셨습니다. 이 눈물은 그녀가 얼마나 아픈 사랑을 하고 있는지를 보여주는 '피'였고 얼마나 힘든 사랑을 하고 있는지를 보여주는 '땀'이었습니다. 눈물은 최선을 다해 사랑하는데 자꾸만 어긋나버리는 슬픈 사랑의 결과물입니다.

  그날 이후로 석식당을 찾는 주찬이의 얼굴이 한결 밝아졌습니다. 이제는 학교도 잘 가고 집에도 잘 들어간다고 했습니다. 정말 다행입니다. 이번 일을 통해서 사랑에도 지혜가 필요하다는 것을 절실히 깨달았습니다. 무작정 나를 희생하며 내 방식대로 주는 사랑이 아니라 사랑을 받는 대상이 어떤 사랑을 필요로 하는지 살펴보고, 거기에 맞게 열심히 사랑하는 것이 더 효과적인 사랑일 것입니다. 예수님께서도 이 땅에 오셔서 무작정 골고다 언덕에 오르지 않고, 모든 마을을 두루 다니시고 사람들을 만나시며 먼저 그들의 필요를 채우셨습니다. 오병이어 기적의 현장에서도 예수님은 무리들의 필요, 즉 배고픔을 헤아리시고 먹을 것을 주셨습니다.

  어쩌면 사랑이 어려운 이유는 내 방식대로만 주려고 하기 때문인지 모릅니다. 상대방이 원하지 않는 방식으로 사랑을 주면서 왜 너는 몰라주냐며 속상해하고 아파해서는 안 됩니다. 이제는 부모님들도 어려운 사랑, 아픈 사랑을 그만두고 아이들이 원하는 사랑을 했으면 싶습니다. 그래서 혹여나 자신을 입양아라고 생각하는 아이들이 없기를 소망합니다.

주찬아! 마음 잡고 다시 집으로,
학교로 돌아와 줘서 정말 고맙다.

7. 한겨울에도 잠수하는 아이

  100만 독자를 사로잡았던 베스트셀러 『자존감 수업』의 저자이자 정신과 의사인 윤홍균 원장님의 강연을 감명 깊게 들은 적이 있습니다. 강의에서 원장님은 누군가를 오랫동안 사랑하기 위해서는 상대방의 방어기제를 잘 파악하라고 거듭 강조하셨습니다. 방어기제란, 어떤 사람이 갈등 상황과 스트레스를 마주했을 때 그 사람에게 나타나는 행동 패턴으로 오랫동안 형성된 습관이자 문화이자 품성이라 했습니다. 이 강의가 유익했던 것은 한 아이를 만나는 동안 그 아이의 방어기제를 제대로 이해하지 못해 꽤 오랜 시간 동안 마음고생을 했던 경험이 있기 때문입니다.

  그 아이는 17살 된 현기라는 아이였습니다. 교회에서 그룹홈 아이들을 만나 밥을 사준 적이 있었는데 거기서 현기를 처음 만났습니다. 당시 저는 아이들을 지속적으로 만나고 싶어서 초콜릿 안에 연락처가 적힌 쪽지를 끼워서 아이마다 하나씩 선물해 주었는데 유일하게 현기만 연락을 해주었고, 그 뒤로 계속해서 만남을 이어오고 있습니다.

현기는 부모님이 누군지도 모르고 친인척 하나 없는 이 땅에 홀로 남겨진 아이입니다. 태어나자마자 어느 시설에 맡겨졌고 그 후 여러 과정을 거쳐 지금의 그룹홈에 정착하게 되었습니다. 저는 그런 현기를 보며 긍휼한 마음이 생겨 주기적으로 만나서 햄버거도 사주고 이야기도 들어주었습니다. 현기가 성인이 되어 그룹홈을 나가고부터는 더욱 각별히 신경을 써주었습니다. 음식도 챙겨주고 때마다 옷과 신발도 사주며 최선을 다해 현기를 보살폈습니다. 현기도 이런 저의 지극정성에 감동했는지 저를 곧잘 따라주며 제가 하는 사역에도 많은 도움을 주었고 또 자기의 꿈을 가지고 열심히 살아주었습니다.

그러던 어느 날, 현기가 SNS에서 죽고 싶다는 내용의 글을 올리고 잠수를 타버렸습니다. 걱정이 돼서 한걸음에 달려갔지만, 연락도 받지 않고 문을 두드려도 열어주지 않았습니다. 결국 경찰에 신고를 해서 경찰관들이 현기의 집문을 개방하려고 했습니다. 그때 현기로부터 문자가 왔습니다.

"저 살아있으니깐 그냥 돌아가 주세요. 경찰들도 다 돌려보내세요. 괜찮아지면 연락드릴게요."

저는 현기의 문자를 받고 곧바로 전화를 걸었지만 현기는 끝내 받지 않았습니다. 그래서 경찰분들과 상의한 끝에 되돌아가기로 하고 현기에게 문자를 남겼습니다.

"현기야, 우리 모두 되돌아갈 테니 괜찮아지면 꼭 연락하렴. 그리고 현기야 꼭 살아주렴."

이 일이 있고 나서 한 달이 지나고 드디어 현기에게서 만나자는 연락이 왔습니다. 무려 한 달 만에 문 밖으로 나온 현기는 고기가 먹고 싶다고 했습니다. 그래서 곧장 고깃집으로 가서 삼겹살에 따뜻한 된장찌개를 먹였습니다. 숯불 위에서 노릇노릇 익어가는 삼겹살을 바라보는데 요한복음 21장의 디베랴 호숫가에서 생선을 구워주시던 예수님의 모습이 생각났습니다.

[요한복음 21장 9-13절]

그들이 땅에 올라와서 보니, 숯불을 피워 놓았는데, 그 위에 생선이 놓여 있고, 빵도 있었다. 예수께서 제자들에게 말씀하셨다. 너희가 지금 잡은 생선을 조금 가져오너라. 시몬 베드로가 배에 올라가서, 그물을 땅으로 끌어내렸다. 그물 안에는, 큰 고기가 백쉰세 마리나 들어 있었다. 고기가 그렇게 많았으나, 그물이 찢어지지 않았다. 예수께서 그들에게 말씀하셨다. "와서 아침을 먹어라." 제자들 가운데서 아무도 감히 "선생님은 누구십니까?" 하고 묻는 사람이 없었다. 그가 주님이신 것을 알았기 때문이다. 예수께서 가까이 오셔서, 빵을 집어서 그들에게 주시고, 이와 같이 생선도 주셨다.

자신을 배신하고 떠났던 제자들에게 예수님은 무슨 마음으로 생선을 구워주셨을까요? 왜 많고 많은 문장 중에서 하필이면 와서 아침을 먹으라는 말씀을 먼저 하셨을까요? 저는 예수님께서 하신 것처럼 현기에게 삼겹살을 구워주었습니다. 그리고 왜 잠수를 탔는지 또 연락을 이렇게 안 받으면 안 된다는 등의 얘기를 꺼내지 않았습니다. 그러자 현기가 먼저 입을 열었습니다.

"대학교 생활이 너무 힘들어서 잠수를 탔어요."

현기의 이야기를 들어보니 대학교 생활이 꽤 힘들었던 모양입니다. 자립 준비 청년 신분으로 홀로 세상을 살아가는 것도 쉽지 않은데 여기다가 새로운 문화와 새로운 사람들에게 적응하려니 스트레스가 많이 쌓였던 것입니다. 그래서 현기는 누구의 연락도 받지 않은 채 잠적하였던 것입니다.

저는 현기의 말을 경청하고 이렇게 대답했습니다.

"현기야, 살아있어 줘서 고맙다. 그런데 우리 약속 하나만 하자. 앞으로 잠수를 타도 좋은데 내 연락만큼은 꼭 받아주라. 걱정이 많이 돼서 그래."

현기는 아무리 잠수를 타도 제 연락만큼은 받겠다고 대답하며 헤어졌습니다. 그날 이후로 현기는 학교를 그만두고, 일을 하기 위해 타지로 이사를 갔습니다. 다행히도 현기는 열심히 일하고, 쉬는 날에는 여행도 다니며 잘 지내고 있었습니다. 여행을 다녀오면 제 선물을 양손 무겁게 사오기도 했습니다.

하지만 이 와중에도 현기는 몇 번이나 잠수를 탔고 제 연락을 받지 않다가 다시 괜찮아지면 먼저 연락을 해왔습니다. 이런 현기의 모습에 마음고생을 정말 많이 했습니다. 현기가 잠수를 탈 때마다 나쁜 선택을 하는 건 아닌지 걱정이 되었고 또 얼마나 힘들면 집 문을 굳게 잠그고 아무 연락도 받지 않은 채 세상과 단절할까 싶어 속상하기도 했습니다.

현기는 이렇게 스트레스를 받거나 힘든 상황이 몰려오면 회피라는 방어기제를 사용하며 세상과 단절하곤 합니다. 이 책을 쓰고 있는 지금도 현기는 잠수 중입니다. 한참 추웠던 올해 늦겨울에 시작했던 잠수가 밭을 일구고 모종을 심고 있는 한 봄에도 이어지고 있습니다. 그래도 이제는 현기의 방어기제를 이해하고 있기에 이렇게 침착하게 기다려 줄 수 있습니다. 현기가 오랜 잠수를 마치고 다시 세상에 짜잔~ 하고 나타날 때 현기에게 맛있는 숯불고기를 사주고 싶습니다.

현기야, 오랜 시간 잠수하느라 많이 춥고
답답하지? 서둘러 잠수를 끝내고
다시 밖으로 나오렴. 고기 먹으러 가자.
기분이 저기압일 땐 고기 앞으로 가자꾸나!

8. 이 아이를 보호해 주세요

　호석이가 소년 재판을 받던 날, 동행해야 하는 보호자의 부재로 제가 함께 재판을 받으러 갔습니다. 호석이의 부모님은 이혼하고 별거 중인데 그 누구도 호석이의 재판에 동행하지 않았습니다. 부모님이 두 분 다 따로 살림을 차리신 후, 호석이를 짐짝처럼 여기며 인연을 끊고 싶어 하셨기 때문입니다.

　언젠가 한 번 지방법원 소년부 부장판사님과 식사할 자리가 있었습니다. 거기서 판사님은 소년범죄의 대다수가 불안정한 가정에서 비롯된다고 하셨는데 호석이의 경우가 딱 그렇습니다.

　호석이는 중학교 때까지 보육원에서 지냈는데 어느 날 호석이의 친아버지가 나타나 호석이와 함께 살겠다며 호석이를 데리고 나오셨답니다. 그 후 호석이에게 자취방 하나를 구해주시고는 홀연히 떠나셨다고 했는데 나중에 알고 보니 정부 지원금을 받을 목적으로 호석이를 데리고 나와서 서류상으로는 함께 사는 것처럼 꾸미고 실제로는 호석이를 양육하지 않았습니다.

  호석이의 인생은 이때부터 순식간에 망가지기 시작했습니다. 아침에 깨워주는 어른이 없다 보니 무단지각과 무단결석을 수시로 했고, 결국 학교를 그만두게 되었습니다. 또한 제대로 된 식사를 할 수가 없어서 건강에도 적신호가 켜졌습니다. 그리고 호석이의 자취방은 가출 청소년들의 아지트가 되어버려서 매일 술과 담배로 얼룩진 삶을 살고 있었습니다. 그렇게 호석이는 처지가 비슷한 친구들과 어울리며 비행을 일삼았고 결국 절도죄로 재판에 넘겨지게 되었습니다.

  부장판사님은 외롭게 서있는 호석이와 호석이의 범죄기록을 번갈아 가며 주의 깊게 살피시더니 호석이에게 이렇게 말씀해 주었습니다.

"호석아, 우리 두 번 다시는 만나지 말자. 그래도 좋지 못한 상황에서도 잘 커 주었구나."

그리고 저에게도 말씀하셨습니다.

"목사님, 잘 아시다시피 호석이는 지금 부모님의 양육을 받지 못한 채 힘겹게 살아가고 있습니다. 아들이 이렇게 재판받는데도 부모님이 안 오셨다는 것은 정말 무책임한 태도입니다. 그러니 목사님께서 호석이를 잘 보호해 주세요. 목사님께 호석이를 맡기며 1호 처분을 내리겠습니다."

1호 처분은 보호자 또는 보호자를 대신하여 소년을 보호할 수 있는 자에게 6개월 동안 감호위탁을 하는 것입니다. 판사님은 저를 호석이의 보호자로 지정하시고 때마다 집행 상황보고서를 제출하도록 하셨습니다.

판사님은 호석에게는 격려를, 그리고 저에게는 호석이를 잘 보호해 달라고 부탁한 것입니다. '보호'의 사전적 의미는 위험이 미치지 않도록 보살피는 행위를 말합니다. 호석이는 위험한 아이가 아니라 "위험에 처한 아이"입니다. 사실 사회통념이 위험하다고 여기는 소년범들은 대부분 위험한 아이들이 아니라 위험에 처한 아이들입니다.

어른의 보호를 받지 못해서 수많은 위험이 미치게 되었고 결국 아이들은 위험에 익숙해지고 적응을 해서 위험한 아이들로 변하게 됩니다. 물론 호석이가 지은 절도죄는 벌 받아 마땅하고 피해자에게 씻을 수 없는 아픔을 준 것은 너무나도 악한 행동입니다. 그러나 동시에 호석이가 이러한 행동을 할 수밖에 없도록 호석이를 보호하지 않은 부모님에게도 큰 책임이 있습니다.

신창원이라는 대한민국 역사상 전무후무한 탈옥수를 기억하시는 분이 많을 것입니다. 신창원은 1989년 공범과 함께 강도질하다 살인을 저질러서 무기징역을 선고받았는데 1997년 탈옥을 했다가 2년 만에 붙잡혀서 무기수로 복역하고 있습니다. 얼마 전에는 극단적 선택까지 시도하며 여전히 어둠의 삶에서 벗어나지 못하고 있다는 것을 보여주기도 했습니다. 도대체 신창원은 어떤 삶을 살았길래 이토록 악마 같은 사람이 되어버린 것일까요?

잠시 신창원의 어린 시절로 돌아가 보겠습니다. 관련 보도에 의하면 신창원의 어머니는 간암으로 일찍 돌아가시고 아버지는 매일 같이 신창원을 폭행하고 계모까지 신창원을 괴롭혔다고 합니다. 중학생 때는 학급 친구들에게 왕따를 당해서 3개월 만에 학교를 그만두게 되었고, 17세에는 닭 6마리와 새우깡 한 봉지를 훔쳤는데 가난해서 합의를 못하고 결국 소년원에 수감되었다고 합니다.

신창원은 그의 저서 『신창원 907일의 고백』에서 자신이 범죄자가 된 이유에 대해 이렇게 말하고 있습니다.

초등학교 5학년 때 학비를 못 내자
담임 선생님이 "이 새끼야, 돈 안 가져왔는데 뭐
하러 학교에 왔어? 빨리 꺼져."라고 소리쳤는데,
그 순간 마음속에서 악마가 태어났다.

물론 신창원이 저지른 죄를 생각하거나 피해자와 가족들을 생각하면 어떤 벌을 받아도 마땅하다고 생각합니다. 그런데 신창원이 성장 과정에서 제대로 된 보호를 받고 사랑을 받았다면 얼마나 좋았을까요? 아쉬움이 크게 남습니다. 신창원의 아버지가 신창원을 잘 보호했더라면, 신창원의 학교 선생님이 신창원을 따뜻하게 대해주었더라면 지금의 신창원은 아마 존재하지 않았을 것입니다. 결국 신창원이 악마가 된 것은 신창원 개인의 문제도 있지만 신창원을 보호해 주지 못한 어른들에게도 큰 책임이 있습니다.

사람들은 여전히 호석이를 위험한 아이로 낙인을 찍습니다. 언제든지 죄를 저지르고 사고를 칠 수 있는 아이로 말입니다. 그러나 호석이는 위험한 아이가 아니라 위험에 빠진 아이라고 표현하는 것이 정확합니다. 우리가 사는 이 세상에는 호석이처럼 보호받지 못해서 늘 위험에 미치는 아이들이 얼마나 많은지 모릅니다. 이 아이들의 처지를 생각하면 눈시울이 붉어집니다.

그날 재판정에서 판사님이 제게 하셨던 "이 아이를 보호해 주세요."라는 말씀은 냉정하고 차가운 말씀이 아니라 따뜻한 말씀이었습니다. 그리고 그 말씀은 어쩌면 예수님께서 제게 부탁하신 사명일지도 모르겠습니다.

'현석아, 네가 아이들을 보호해주렴.'

보호의 부재로 늘 범죄와 위험 곁에서 살고 있는 우리 아이들을 열심히 보호하고 사랑하겠노라 다짐하고 또 다짐합니다.

호석아, 상황이 많이 힘든데도
그래도 잘 커 주어서 진짜 고맙구나.

9. 진짜 모습을 보일 때

   길고양이들의 합창 소리만 울려 퍼지던 야심한 밤, 적막을 깨고 핸드폰 벨소리가 요란하게 울렸습니다. 준상이라는 아이에게 전화가 온 것입니다. 준상이는 통화를 하는 내내 울음을 멈추지 못하며 자신의 힘들고 아픈 이야기들을 꺼내놓았습니다.

   준상이를 처음 만난 건 1년 전, 어느 가을이었습니다. 석식당 홍보를 위해 아이들을 만나러 길을 나섰는데 준상이가 어두운 골목에서 혼자 우두커니 담배를 태우고 있었습니다.

   인사를 하며 다가가자, 준상이는 잔뜩 찌푸린 얼굴로 저를 노려보았습니다. 준상이의 첫인상은 굉장히 날카롭고 불량스럽고 심지어는 거칠어 보였습니다. 이런 준상이의 모습에 저 또한 긴장되었지만 사자 굴에 들어갔던 다니엘의 믿음을 묵상하며 준상이에게 말을 걸었습니다.

"안녕, 나는 여기 근처에서 청소년 식당을 운영하는 사장님이란다. 아직 밥 안 먹었으면 가서 밥 먹을래?"

준상이는 귀찮다는 듯 괜찮다며 사양했습니다. 하는 수 없이 준상이에게 제 명함을 나눠주며 배고프면 언제든지 식당에 오라고 말하고는 헤어졌습니다.

그리고 일주일의 시간이 흘렀습니다. 저는 다시 석식당에 아이들을 데려오기 위해 길거리로 나섰는데 같은 자리에서 또 준상이를 만났습니다. 이번에는 여덟 명 가까이 되는 친구들과 무리를 지어서 담배를 태우고 있었습니다.

저는 또다시 준상이에게 아는 척을 하며 말을 걸었습니다.

"안녕, 우리 지난주에 만났었지. 오늘은 친구들하

고 같이 있네. 모두들 약속 없으면 석식당에 와서 밥 먹고 가렴."

지난주에는 외면했지만 이번에는 준상이가 저를 따라나섰습니다. 아무래도 친구들이 옆에 있으니 용기가 생겼나 봅니다. 그렇게 해서 준상이를 처음 만났고 지금은 어느덧 석식당의 단골이 되었습니다.

준상이는 늘 눈에 힘을 잔뜩 주고 있었습니다. 마치 경계근무를 서는 군인처럼 말입니다. 여느 아이들과 다르게 제 눈치를 많이 살피며 필요 이상으로 예의를 지켰습니다. 특이한 점은 항상 어둠의 그림자를 몰고 다니는 분위기를 보였습니다. 그래서 석식당에 오면 늘 화나 있는 것처럼 보였고 기분이 안 좋아 보였습니다.

저는 그런 준상이에게 물어보고 싶은 것들이 참 많았지만 참고 기다렸습니다. 준상이가 먼저 이야기를 꺼낼 때까지 말입니다. 아이가 먼저 자신의 이야기를 꺼낸다는 것은 비로소 저를 신뢰한다는 일종의 증거입니다.

그래서 저는 석식당에 밥을 먹으러 오는 아이들이 저를 신뢰할 때까지 일절 복음 전도나 고민 상담을 해주지 않습니다. 신뢰가 형성 안 된 상태에서 섣불리 복음을 전하거나 상담할 경우, 아이들은 나에게 다른 목적이 있어서 접근했구나 싶어 오해하고 떠나기 때문입니다. 대신에 묵묵히 밥을 주고 온갖 사랑의 언어와 몸짓으로 아이들을 환대해 줍니다. 이렇게 사랑과 인내로 몇 계절이 지나면 아이들은 꽁꽁 싸맸던 겉옷들을 하나 둘 풀어 헤치고 진짜 모습을 드러냅니다.

그동안 잔뜩 힘을 주고 있었던 준상이도 이렇게 해서 감추었던 진짜 모습을 보여주게 되었습니다. 그날 밤, 준상이는 저에게 전화를 걸어서 하염없이 눈물을 흘리며 아픈 이야기들을 꺼내놓았습니다. 그제야 준상이의 모든 행동이 이해되었습니다.

이야기를 들어보니 준상이는 축복 속에 태어난 아이가 아니었습니다. 연인 사이이던 준상이 아버지와 어머니는 뜻하지 않은 임신으로 준상이를 출산하게 되었고, 준상이 어머니는 홀연히 사라졌습니다. 준상이 아버지도 준상이를 부모님께 맡기고 떠났습니다. 그렇게 해서 준상이는 할아버지, 할머니 손에서 자라게 되었습니다. 준상이가 저에게 했던 말 중에서 정말 마음이 아팠던 말이 있습니다.

"제가 태어나지 않았으면 아버지, 어머니도 안 헤어지고, 할아버지, 할머니도 고생을 안 하셨을 텐데요. 제가 태어나서 모든 게 다 망가졌어요."

"저는 할아버지, 할머니가 돌아가시면 이제 혼자에요."

준상이는 이러한 가정사로 인해 자신의 출생을 저주하며 죄책감에 빠져 있었습니다. 또한 준상이는 아버지로부터 오랜 세월 폭언을 듣고 폭행을 당하며 자라왔는데 아버지는 준상이 때문에 자신의 모든 것이 다 망가졌다고 생각하고 있었습니다. 그래서 준상이는 늘 불안해하고 부정적이고 어두웠습니다. 준상이가 살아온 날들이 말로 표현할 수 없을 정도로 힘들고 외로웠을 것을 생각하니 제 마음도 많이 속상했습니다.

저는 태어나서부터 지금까지 늘 차갑게 살아온 준상이에게 따뜻한 인생을 선물해 주고 싶었습니다. 그래서 함께 예배를 드리면서 따뜻하신 하나님의 말씀을 들려주었고 따뜻한 음식으로 준상이의 배를 채워주었습니다. 이런 저의 진심이 전해졌는지 준상이도 저를 편하게 생각하고 이제는 연락도 잘하고 농담도 할 정도로 많이 밝아졌습니다.

하지만 여전히 준상이를 둘러싼 상황들은 차갑기만 합니다. 이 책을 쓰고 있는 와중에도 준상이는 아버지로부터 폭행을 당해서 응급실에 다녀왔습니다. 그럼에도 준상이는 아버지를 신고하지 않습니다. 할아버지, 할머니를 위해서 그리고 아버지를 위해서 말입니다. 몸에 난 상처보다도 마음에 깊게 베인 상처가 더 많이 아플 우리 준상이가 안타까울 뿐입니다. 우리 준상이의 탄생을 기뻐해 주고 축하해줄 어른들이 준상이 곁에 많이 생기기를 기도합니다.

준상아, 너의 생명은 축복이란다.
너는 사랑받기 위해 태어났단다.

10. 오늘 밤은 평화롭게

　한번은 아내와 함께 <데이브레이크>라는 밴드의 공연을 보러 간 적이 있습니다. 밴드공연 관람이 익숙하지 않았던 저에겐 모든 것이 신기하고 설레는 경험이었습니다. 고막이 찢어질 듯 울려 퍼지는 보컬 이원석 님의 시원한 샤우팅과 밴드의 경쾌한 연주, 그리고 화려한 조명과 각종 특수효과까지 더해지니 수많은 인파가 함성을 지르며 점프를 뛰기 시작했습니다. 가만히 서있던 저도 군중에 휩쓸려 함성을 지르고 점프를 뛰었는데 얼마나 재미있었는지 모릅니다. 그렇게 한참을 신나게 뛰고 나니 어느덧 마지막 곡 차례가 되었습니다.

　아쉬운 마음으로 마지막 노래를 듣는데 그 노래를 들으며 흐르는 눈물을 멈출 수 없었습니다. 분명 조금 전까지 신나게 물결치던 제 마음의 호수가 어느새

잔잔하게 눈물을 머금고 있는 듯 했습니다. 이렇듯 제 마음을 들었다 놨다 한 노래는 바로 <오늘 밤은 평화롭게>라는 곡입니다.

오늘 엉망이었나요? 유난히 힘들었나요?
뭐 하나 되는 일 없이 하루를 잃어가나요?
수없이 많은 날 중에 그저 그런 날이 있죠
시끄러운 이 하루만 지나면 괜찮을 테니
오늘 밤은 평화롭게
오늘 밤은 울지 않게
아무 근심 없이
아무 걱정 없이
살며시 웃으며 잠들길
편히 쉬어요 *Good Night*

눈물이 많아졌나요? 가끔 그럴 때가 있죠
견디려 애쓰지 말아요. 내일은 괜찮을 테니
오늘 밤은 평화롭게
오늘 밤은 울지 않게
아무 근심 없이

아무 걱정 없이

살며시 웃으며 잠들길

편히 쉬어요 *Good Night*

이 노래를 듣다 보니 평화롭지 못한 밤을 보내는 성훈이가 생각났습니다. 18살 성훈이는 친구들을 따라 석식당에 나오던 아이입니다. 성훈이는 처음 만날 때부터 말도 잘하고 장난도 서슴없이 치던 아이였기에 밝은 에너지를 갖고 있다고 생각했습니다. 하지만 오래 지나지 않아 제 생각이 틀렸음을 알려주는 사건이 발생했습니다.

올빼미도 잠에 빠지던 어느 깊은 밤, 성훈이에게서 전화가 왔습니다.

"성훈아, 이 시간에 무슨 일이야?"

"목사님, 밤늦게 죄송해요. 가출했는데 잘 곳도 없고 돈도 없어서요. 전에 소개해 주셨던 쉼터에 가려고 하는데 도와주세요."

자초지종을 들어보니 성훈이는 어릴 적 부모님이 이혼하시고 어머니랑 단둘이 살다가 어머니가 재혼을 하시고 의붓아버지를 데려오셨는데 의붓아버지는 성훈이를 못마땅하게 여기고 잦은 폭행과 폭언을 했습니다. 그날도 성훈이는 의붓아버지의 폭행을 피해야 했습니다.

　저는 일어나 정신을 차리고 곧바로 성훈이를 만나 청소년쉼터에 데려다주었습니다. 평소 석식당을 찾는 아이들에게 적극적으로 쉼터를 홍보함으로 아이들이 가출하더라도 안전하고 따뜻하게 지낼 수 있게 하고 싶은 저의 노력이 빛을 발한 순간입니다. 그렇게 성훈이는 쉼터에서 지내다가 집으로 돌아갔습니다. 마음 같아서는 의붓아버지와 성훈이를 분리하고 싶은데 그렇게 되면 또 다른 복잡한 일들이 발생하기 때문에 어쩔 도리가 없었습니다.

　그리고 얼마 후 또다시 늦은 밤에 성훈이에게 전화가 왔습니다. 의붓아버지를 피해 또 가출을 한 것입니다. 이렇게 의붓아버지의 폭행과 성훈이의 가출은

다람쥐 쳇바퀴 돌듯 되풀이되었습니다. 성훈이 어머니는 중간에서 이러지도 저러지도 못하는, 그야말로 암담한 가정환경이었습니다.

그렇게 성훈이는 평화롭지 못한 밤들을 지새우며 불안한 나날들을 보내고 있습니다. 그래도 성훈이는 평화를 찾기 위해 누구보다 열심히 청소년 예배에 나오고 있습니다. 교회에 오면 따뜻하게 맞이해주는 어른들이 있고, 설교 시간에 들려오는 하나님의 말씀은 위로와 용기가 되었기 때문입니다. 그러나 예배를 마치고 집으로 돌아가는 성훈이의 뒷모습을 보고 있으면 마음이 무너져 내리는 것도 사실입니다. 성훈이가 향하는 곳이 얼마나 차갑고 쓸쓸할지 걱정되기 때문입니다.

데이브레이크의 <오늘 밤은 평화롭게>의 가사처럼 성훈이의 밤들이 평화로웠으면 좋겠습니다. 아무 근심 없이 아무 걱정 없이 살며시 웃으며 잠드는 밤들이 되었으면 좋겠습니다. 더는 밤에 성훈이에게 전화가 오는 일이 없기를 기도합니다.

성훈아, 내일은 괜찮을 테니 오늘 밤은 평화롭게 오늘 밤은 울지 않게 아무 근심 없이 아무 걱정 없이 살며시 웃으며 잠들길 편히 쉬어요.
Good Night!

11. 파치 같은 아이들

　아내의 고모부는 원주에서 오랫동안 복숭아 농장을 운영하는 농부입니다. 고모부가 재배하는 복숭아는 부드럽고 새콤달콤해서 한 번도 안 먹어본 사람은 있어도 한 번만 먹어본 사람은 없을 정도로 맛이 좋습니다. 마음씨가 복숭아처럼 부드럽고 좋은 고모부는 때마다 상품 복숭아들과 병조림용 파치 복숭아들을 선물로 주십니다. 그래서 여름이 되면 우리 집은 복숭아 병조림을 만드느라 달콤한 냄새가 진동합니다.

　복숭아 병조림을 만드는 일은 생각보다 손이 많이 가는 정성스럽고 고된 작업입니다. 복숭아 껍질을 까서 먹기 좋은 모양으로 자르고 팔팔 끓인 설탕물에 졸인 뒤에 일일이 소독한 병에 보관해야 하기 때문입니다. 하루는 늦은 새벽까지 복숭아 병조림을 만들고 있는데 문득 이런 깨달음이 생겼습니다.

　'상처 나서 상품이 될 수 없는 파치 복숭아들도 이렇게 정성을 들이면 맛있는 병조림으로 거듭나서 새로운 상품이 되는구나! 아이들도 마찬가지겠다. 상처 받고 망가진 파치 같은 아이들도 정성을 들이면 더 좋은 맛을 내는 인생들이 되겠구나!'

　저는 새벽에 복숭아 병조림에 담긴 하나님의 놀라운 섭리를 깨닫고는 마음이 뜨거워져서 주체할 수 없었습니다. 성경을 읽다보면 하나님께서 고쳐 쓰는 사람을 많이 발견합니다. 믿음없고 연약한 이스라엘 사람들을 통해 하나님의 나라를 세워 가셨습니다. 분노에 사로잡혀 니느웨 백성들을 용서하지 못했던 요나의 마음을 고치시고 니느웨의 선지자로 세우셨고, 낮은 자존감에 사로잡혀 있던 모세를 회복시키신 후 출애굽의 지도자로 세우셨습니다. 또 볼 수 없었던 바울의 눈을 뜨게 하셔서 이방인의 사도로 부르셨고, 사랑의 결핍으로 만족하지 못하던 수가성 여인에게 만족을 주시고는 전도자로 세우셨습니다.

이처럼 제가 만났던 파치(defective goods) 같은 아이들도 인내를 가지고 정성을 기울인다면 하나님께서 반드시 고쳐주시고 상품으로 거듭나게 하실 것입니다. 그래서 저는 오늘도 이 믿음을 가지고 지영이라는 아이를 만나고 있습니다.

스무 살 지영이를 처음 만난 건 중학생 때였습니다. 당시 지영이는 아는 언니를 따라 석식당을 나오게 되었는데 문을 열고 들어오던 지영이의 첫인상이 지금도 잊히지 않습니다. 검정 상·하의와 검정 마스크, 여기에 표정과 감정까지도 모두 검정이었기 때문입니다. 자해 상처를 가리기 위해 팔을 감싸고 있던 붕대만이 유일한 흰색이었습니다. 그런 지영이에 대해 궁금한 것이 참 많았지만, 혹여나 부담을 가질까 봐 아무 말도 안 하고 따뜻한 밥을 챙겨 주었습니다. 그렇게 지영이는 석식당의 단골이 되었고 어느덧 친밀한 관계가 형성되어 청소년 예배도 나오게 되었습니다. 그제야 저는 지영이에게 궁금했던 질문들을 쏟아내었습니다.

"지영아, 팔에 상처가 많구나."

"네, 자해를 해서 그래요. 저는 힘들고 화날 때마다 자해하는 습관이 있어요."

"지영아, 무슨 일인지 목사님한테 이야기 해줄래? 목사님이 기도해 줄게."

그러자 지영이는 자신이 살아온 이야기들을 제게 들려주었습니다. 지영이의 인생 이야기를 듣고 나니 왜 그토록 검은색만 입고 다녔는지 이해가 되었습니다. 이 아이의 인생 배경이 온통 검정이었기 때문입니다.

경제 능력을 상실하신 아버지는 매일 술을 드시며 폭력을 일삼던 분이셨고 어머니는 몸이 불편하셨습니다. 그래서 지영이는 매우 가난한 환경에서 자랐고 초등학교 4학년 때부터는 집안 살림을 도맡으며 어머니를 돌보았습니다. 그러다가 중학생이 되고부터는 아르바이트 자리를 구하러 다녔는데 그때마다 여자 중학생이라는 이유로 거절당하기 일쑤였습니다. 그래서 지영이는 짧은 시간에 많은 돈을 벌 수 있는 성매매에 발을 들이게 되었습니다. 또 한 번은 아버지에게 폭행당하고 자해를 한 적이 있는데 상처가 꽤 깊어서 목숨을 잃을 뻔도 했습니다.

지영이는 제가 예상했던 것보다 훨씬 힘들고 외로운 삶을 살아가고 있었습니다. 저는 그런 지영이를 안타깝게 생각하며 석식당에 올 때마다 더 따뜻하게 대해주려고 노력했습니다. 그런데 지영이가 고등학생이 되더니 어느 순간부터 석식당에도 교회에도 나오지 않았습니다. 그래서 주변 친구들에게 물어보니 함께 석식당에 나오던 선배들로부터 금품갈취를 당하고 협박을 당해서 못 오고 있었던 것입니다. 여기다 엎친 데 덮친 격으로 코로나까지 생기면서 지영이와의 만남도 연락도 다 끊겨버리고 말았습니다.

그렇게 일 년의 시간이 흐르고 지인의 어머님이 돌아가셔서 장례식장에 갔는데 거기서 우연히 지영이를 만났습니다. 지영이도 아버지가 돌아가셔서 장례를 치르고 있었습니다. 그래서 저는 서둘러 지영이 아버지 장례식에도 조문을 갔습니다. 장례를 마치고 지영이는 감사 인사를 하기 위해 교회에 찾아왔습니다. 저는 그때를 놓치지 않고 지영이에게 다시 석식당에도 나오고 예배도 드리자고 권면했습니다. 감사하게도 그날 이후로 지영이는 다시 석식당에 나와 밥도 먹고 청소년 예배도 열심히 드렸습니다.

그리고 지영이가 스무 살이 되었을 때는 교회에서 자립지원금 지급과 경제교육, 그리고 주거 마련 도움 등 자립 지원을 해준 적이 있는데 지영이가 모든 교육을 성실히 이수해서 얼마나 대견했는지 모릅니다. 또한 많은 어른이 지영이의 자립에 도움을 주고 있어서 얼마나 감사한지 모릅니다.

지금 지영이는 취업을 위해 꽃길 가득한 20대를 걷고 있습니다. 10대 시절 자해로 인해 늘 상처투성이였던 팔도 이제는 많이 회복되었고 늘 불안했던 마음도 안정을 찾아가고 있습니다. 이처럼 몸과 마음에 가득한 상처로 파치 같았던 우리 지영이도 예수님의 달콤한 사랑에 졸여져서 온 세상을 달콤하게 만드는 복숭아 병조림 같은 인생으로 거듭나고 있습니다. 그때까지 저는 지영이 곁에서 계속해서 상처 부위를 도려내고 달콤한 말씀으로 푹 졸이고 환경을 깨끗하게 소독해야만 합니다. 무엇이든 오랜 인내와 정성을 통해 파치가 상품이 됩니다. 이 땅의 모든 파치 같은 아이들이 예수님의 사랑을 입어 새 상품으로 거듭나길 소망합니다.

지영아, 너는 파치가 아니라 작품이란다.

12. 세상에 내 편이 하나도 없어요

2023년 9월, 경기도 수원에서 무려 710억 원 이상의 규모에 달하는 전세 사기 사건이 발생했습니다. 어느 일가족이 세입자들의 보증금을 속여 뺏는 수법으로 범행을 저질렀는데 피해자가 주로 사회초년생들이어서 전 국민의 공분을 샀습니다. 저는 이 사건을 뉴스로 접하면서 개탄을 금치 못했었는데, 얼마 후 더 충격적인 소식을 들어야만 했습니다. 바로 석식당에 나오던 광현이가 피해자 중의 한 명이었기 때문입니다.

광현이는 고3 막바지쯤에 친구 따라 석식당에 나오고 청소년 예배도 드리다가 대학 진학을 위해 얼마 전 수원으로 이사를 갔던 아이입니다. 수원에서 전셋집을 구할 당시에도 수시로 집은 잘 구했는지 물어봤었는데 그런 광현이가 전세 사기를 당했다는 소식을 들으니, 분노와 슬픔이 물밀듯 밀려왔습니다. 무엇보다 광현이가 보증금으로 낸 돈이 어떤 돈인지 누구보다 잘 알고 있었기 때문에 충격이 더 컸습니다.

광현이는 부모님이 일찍이 이혼하시고 아버지와 할머니 밑에서 자랐습니다. 아버지는 주로 타지에서 일을 하시느라 떨어져 지내야만 했습니다. 그러던 어느 날, 광현이의 아버지께서 교통사고로 돌아가시는 슬픈 사고가 발생하면서 이 땅에 광현이의 보호자는 할머니 한 분밖에 안 남았습니다. 아직 초등학생인 광현이에게 현실은 너무나 혹독했습니다. 그럼에도 광현이는 씩씩하고 바르게 자라주었습니다. 특별히 할머니가 폐지를 주우러 다니실 때마다 항상 따라다니며 도와드리곤 했는데, 어린 마음에 친구들을 마주칠까 봐 불안하고 창피했지만 그래도 항상 할머니 곁을 지켰던 속이 깊은 아이였습니다.

이런 광현이의 인생에 또다시 비극이 찾아왔습니다. 광현이의 집안 어른이 광현이 앞으로 나온 아버지 사망보험금에 눈독을 들이고 광현이를 키우겠다며 데려간 것입니다. 명목상 광현이를 양육하겠다고 했지만 실제로는 양육을 명분으로 사망보험금을 가로채려는 수작이었습니다. 집안 어른은 얼마 지나지 않아 광현이를 다시 할머니 집으로 돌려보냈습니다. 이런 식으로 집안 어른들은 광현이 아버지의 사망보험금을 야금야금 갉아먹으며 서로 차지하려고 싸우기까지 했습니다.

그나마 다행인 것은 광현이 할머니께서 보험금의 일부를 지켜서 광현이의 몫으로 남겨두었다는 것입니다. 그런데 이마저도 못 찾을 뻔했습니다. 광현이가 대학을 갈 즈음에 할머니께서 치매에 걸리셔서 그 보험금이 자기 돈이라고 우기셨기 때문입니다. 이렇게 아버지 사망보험금이 광현이에게 오기까지 많은 우여곡절이 있었습니다.

광현이는 고등학교를 졸업하고 수원으로 대학에 진학했습니다. 그리고 수원에서 아버지의 사망보험금 전액을 보증금으로 넣어서 전셋집을 구했습니다. 돈을 갖고 있으면 계속 사용할까 봐 아예 모조리 보증금으로 묶어두었습니다. 그리고 나서 몇 개월 후에 전세 사기 사건이 발생했습니다. 그렇게 광현이는 친척들로부터 어렵게 지켜낸 아버지 사망보험금을 사기당해 전부 잃고 말았습니다. 큰 충격에 빠진 광현이는 다니던 학교도 그만두고 집에서 잘 나오지도 않고 게임과 술로 시간을 보냈습니다.

저는 광현이가 혹여나 나쁜 선택을 할까 봐 몹시 걱정되어서 바로 전화를 걸었습니다. 핸드폰 너머로 들려오는 광현이의 목소리는 힘이 하나도 없을 줄 알았는데 오히려 덤덤했고 심지어는 밝기까지 했습니다. 그래서 더 마음이 아팠습니다. 마치 세상에 미련이 없어서 다 내려놓은 사람처럼 느껴졌기 때문입니다. 그도 그럴 것이 20년의 세월을 보내는 동안 광현이의 세상은 상실의 연속이었고 곁에는 믿을 만한 어른이 단 한 명도 존재하지 않았습니다. 늘 버리고 빼앗던 어른들밖에 없었습니다.

"광현아, 괜찮아? 매우 힘들지."

"네, 뭐… 괜찮아요. 매일 친구들 만나서 술 먹고 있어요. 친구들이 위로 많이 해주고 있어요."

"광현아, 우리 만나자! 원주에 내려와. 맛있는 것 사줄게."

"네, 감사합니다."

며칠이 지나고 원주에 내려온 광현이를 만났습니다. 전화통화할 때 들었던 목소리는 괜찮았었는데 막상 얼굴을 보니 그동안의 마음고생이 그대로 묻어나 있었습니다. 광현이는 저를 보자마자 초연하게 미소를 지었지만, 웃는 게 웃는 게 아니었습니다. 광현이를 다독이며 밥을 먹이고 카페에 가서 이야기를 나누었습니다. 그동안 광현이에게 있었던 일들을 직접 들으니, 제가 생각했던 것보다 훨씬 더 암담했습니다.

"어렵게 찾은 아버지 사망보험금을 한순간에 사기당하니 멍하더라고요. 수천만 원이 이렇게 날아가 버리니 수십만 원 쓰는 건 우습더라고요. 그래서 비싼 술도 엄청나게 마셨어요. 밖에 나가기도 싫고 사람들 만나는 것도 싫어요. 그래서 집에서 게임만 하고 있어요."

광현이는 무력감과 대인기피, 그리고 가해자에 대한 분노에 사로잡혀 있었습니다. 그런 광현이가 너무 안타까웠고 도움이 절실해 보였습니다.

"광현아, 친척 어른들은 뭐라서? 너에게 도움을 주고 있니?"

"친척 어른들이요? 오히려 저한테 뭐라고 하던데요? 그러니깐 보험금을 어른들한테 안 맡기고 왜 보증금에 다 넣었냐고요. 제 걱정보다 오히려 돈 걱정을 더 하시던데요."

광현이의 대답에 너무나 기가 막혀서 말이 나오지 않았습니다.

"광현아, 너 지금까지 정말 외롭고 힘들었겠다. 지금은 믿고 의지할 만한 어른이 있니?"

"세상에 제 편이 하나도 없어요. 유일하게 믿을 만

한 어른은 목사님뿐이에요."

그날 광현이의 대답을 듣고 너무나 마음이 아팠습니다. 이 세상에 믿을 만한 어른이 저 혼자라는 사실이 너무나 충격적이었기 때문입니다.

광현이와 헤어지고 난 뒤, 도움을 주고 싶어서 몇 날 며칠을 기도하며 생각에 잠겼습니다. 그러다가 광현이에게 선한 어른들이 곁에 있다는 것을 알려줘야겠다는 마음이 강하게 들어서 장학금을 모아주기로 했습니다. 못된 어른들에게 빼앗긴 돈에 비하면 한참 부족한 금액이지만 그래도 선한 어른들이 십시일반으로 모아서 장학금을 만들어주면 광현이의 세상에 조금이라도 온기가 더해지지 않을까 싶었습니다.

그래서 장학금 모금을 위해 <그럴만두해>라는 만둣국 장사를 했습니다. 광현이의 상황을 위로하고 공감해 주기를 바라는 마음으로 프로그램 이름을 이렇게 지었고, 이날 행사에 총 146명의 선한 어른들이 기부해 주었습니다. 모인 장학금은 3개월 동안 자체적으로 실시한 경제교육을 통해 광현이에게 지급

했습니다.

또한 교회 성도님의 지인이 청소년 심리상담소 소장님으로 계시는데 광현이 이야기를 들으시고는 무료로 심리상담도 해주었고, 석식당 요리사인 처제와 아내는 광현이에게 가계부 쓰기, 절약, 저축 등 경제 교육도 해주고, 함께 도시락을 싸서 소풍도 데려가주며 사회적 가족이 되어주었습니다. 그리고 그동안 미루어두었던 정신과 진료도 함께 받으러 가서 우울증 초기와 대인기피증 진단을 받고 약을 먹고 있습니다. 교회 선생님들은 예배에 나오는 광현이에게 좋은 친구가 되어주기로 했습니다. 이렇게 광현이의 세상에 선한 어른들이 등장했고 광현이의 마음과 얼굴에도 온기가 피어나기 시작했습니다.

어느 날, 광현이에게 이런 말을 해준 적이 있습니다.

"광현아, 지금까지 너의 세상에서 네가 만났던 어른들은 하나같이 너를 버리고 너의 것을 빼앗았던 나쁜 어른들이었지만 너를 지키고 싶어 하는 선한 어른들도 있다는 것을 꼭 기억해주렴."

 광현이가 지금까지 살아온 세상에는 온통 차가운 어른들이 가득했지만 이제 광현이가 살아갈 세상에는 따뜻한 어른들이 가득했으면 좋겠습니다. 빛 되신 주님을 닮아서 광현이의 어두운 삶에 빛을 비춰주고 광현이의 추운 삶에 온기를 더해주는 어른들이 있기를 소망합니다.

광현아, 애써 지어보는 미소 말고 정말 행복해서
미소가 절로 나오는 인생이 되도록
곁에서 늘 함께해 줄게.
많이 힘들 테지만 그래도 살아내 보자꾸나.

13. 은혜 갚은 고양이

　항상 집에 초대해서 직접 만든 요리를 대접하며 응원과 격려를 보내주시는 형님이 계십니다. 형님이 해주신 요리를 먹고 있으면 배가 부르는 것은 당연하고 무엇보다 마음이 행복해집니다. 그런데 이 형님은 저뿐만 아니라 정처 없이 떠돌아다니는 길고양이들의 밥도 챙겨주는 마음이 따뜻한 형님입니다.

　하루는 형님과 밥을 먹고 있었는데 제게 감동적인 이야기를 하나 들려주셨습니다. 어느 날, 집에 돌아와 보니 고양이 한 마리가 쥐를 물어다 놓고 갔다는 것입니다. 한마디로, 은혜 갚은 고양이입니다. 자기 먹을 것을 챙겨준 형님에게 큰 고마움을 느낀 고양이는 쥐를 잡아다가 문 앞에 놓고 간 것입니다. 형님을 생각하며 쥐 사냥을 했을 고양이를 생각하니 미소가 절로 지어졌습니다.

이 이야기를 들으면서 프랑스 아동문학의 아버지라고 평가받는 동화작가 샤를 페로의 『장화 신은 고양이』가 생각났습니다. 장화 신은 고양이의 원작 줄거리를 간략하게 소개하자면, 방앗간을 운영하던 주인이 어느 날 죽게 되자 세 아들이 유산을 물려받게 됩니다. 큰아들은 방앗간을, 둘째 아들은 당나귀를, 막내아들은 가장 쓸모없는 고양이 한 마리를 물려받았습니다. 그런데 첫째와 둘째 아들은 쓸모없는 막내를 쫓아버렸습니다. 그렇게 쫓겨난 막내는 고양이와 함께 힘든 시간을 보내야 했습니다. 그러던 어느 날 고양이는 자기 주인에게 장화를 사달라고 요청합니다. 그렇게 주인에게 장화를 선물 받은 고양이는 그날로 밖에 나가서 총명한 지혜로 여러 가지 계략을 꾸민 뒤 자기 주인이 공주와 결혼하게 했습니다. 이 동화는 자신을 돌봐준 주인에게 은혜를 갚았다는 내용입니다. 고양이가 은혜를 갚았다는 이야기가 동화의 소재로도 사용되고 주변 사람들의 경험담으로 들을 수 있는 것은 아마도 주인과 유대감을 형성하고 애정을 표현하기 위해 쥐를 물어다 주는 고양이의 습성 때문일 것입니다.

고양이 얘기를 들으며 아이들 생각이 났습니다. 고양이처럼 정처 없이 떠돌아다녔던 아이들이 석식당과 정류장교회라는 보금자리를 만나서 몸과 마음을 채우곤 하는데 이때마다 저마다의 방식으로 은혜를 갚았기 때문입니다.

한번은 식품회사에 취업한 스무 살 기철이가 석식당으로 택배를 보냈습니다. 택배를 열어보니 아이들이 좋아할 만한 식재료가 한가득 담겨 있었습니다. 저는 곧바로 기철이에게 전화를 걸어서 뭐 하러 이런 걸 보냈냐며 고맙다고 인사를 건넸습니다. 그러자 기철이가 이렇게 대답했습니다.

"제가 더 감사한걸요. 고등학생 때 참 힘들었었는데 목사님을 만나서 잘 이겨낼 수 있었어요. 감사합니다. 다음에 또 보내드릴게요."

기철이를 처음 만난 건 학교 앞 버스 정류장이었습니다. 당시 아이들을 전도하기 위해 제 번호가 적혀 있는 명함 전도지를 나눠주며 햄버거 먹고 싶을 때 연락하면 사준다고 했는데, 그날 바로 기철이와 친구들이 연락을 해왔습니다. 그렇게 기철이와 친구들은 수시로 햄버거를 사달라고 연락해서 만나게 되었고 나중에는 석식당과 정류장교회에 나오게 되었습니다.

기철이는 덩치는 산만했지만, 한없이 여린 아이였습니다. 저는 그런 기철이와 함께 시간을 보내며 맛있는 것도 먹고 여행도 다녔습니다. 성인이 되어 타지로 취업을 나가는 바람에 더 이상 교회에 나오지는 않았지만 그래도 감사한 마음을 전하기 위해 택배를 보낸 것입니다. 기철이는 자기가 받은 사랑을 꼭 나누고 싶다며 석식당을 찾는 청소년들에게 식재료를 한가득 보내주었습니다. 얼마나 그 마음이 예쁘던지 지금도 감동의 여운이 가시지 않습니다.

또 누가 제게 지금까지 먹은 밥 중에서 가장 기억에 남는 밥이 무엇이냐고 질문한다면 저는 한 치의 망설임도 없이 그날 먹은 밥을 이야기할 것입니다. 바로 준서가 사준 김치찌개입니다. 준서라는 아이는 부모님이 이혼하시고 보육원에서 자라다가 퇴소하고 혼자 자취를 하던 아이입니다. 여자 친구를 따라 석식당에 나오면서 처음 만나게 되었는데 피골이 상접할 정도로 말랐었습니다. 저는 그런 준서와 3년 가까이 시간을 보내면서 밥도 많이 사주고 자립에 필요한 많은 것들을 챙겨주고 생활비도 보태주었습니다. 그러던 어느 날 준서에게 전화가 왔습니다.

"목사님, 저 준서인데요. 혹시 오늘 저녁 약속 있으세요?"

"아니 없는데? 너 또 밥 사달라고 연락했구나!"

"아니에요. 목사님. 오늘은 제가 사드리려고 연락드렸어요. 알바해서 돈을 벌었습니다."

"정말? 너무 감동이다. 고맙지만 마음만 받을게! 나 사줄 돈으로 너 필요한 거 사!"

"목사님, 제가 그동안 얻어먹은 게 정말 많아서 꼭 한번 사드리고 싶어요."

"그래. 알겠어. 그럼, 교회 옆에 식당에서 만나자!"

준서는 제가 아무리 사양해도 꼭 사드려야겠다며 고집을 피웠습니다. 그래서 그날 저녁 준서에게 김치찌개와 제육볶음을 얻어먹었습니다. 감개무량해서 밥이 코로 들어가는지 입으로 들어가는지 몰랐습니다. 이날 먹었던 밥은 평생 잊지 못할 밥이었고 잊어서는 안 될 밥입니다.

이 두 아이의 이야기만 있는 건 아닙니다. 제게는 은혜 갚은 고양이와 같은 아이들이 많이 있습니다. 스승의 날에 서프라이즈를 해주던 아이들, 없는 형편에 제 생일날 소고기와 돼지고기를 보내준 아이들, 어버이날 편지를 써주던 아이들. 이 모든 이야기는 지금도 제 마음을 먹먹하게 만들어주는 따뜻한 이야기들입니다. 사랑받지 못해서 사랑할 줄도 몰랐던 아이들이 정류장교회와 석식당을 통해 사랑의 표현으로 예배도 나오고 선물까지 챙겨주니 얼마나 감격스러운지 모릅니다. 이 땅의 모든 아이가 뜨거운 사랑을 받으면 사랑할 줄 아는 인생이 됩니다.

14. 아빠엄마! 나를 아프게 하지 말아요

　석식당 문을 열고 아이들을 기다리던 어느 날, 미연이가 멋쩍은 웃음을 지으며 조심스럽게 들어왔습니다. 무언가 이상하다 싶어 팔을 자세히 들여다보니 곪아있는 상처가 보였고, 칼자국이 선명한 자해 상처였습니다. 저는 아이들을 만나면 먼저 팔부터 유심히 쳐다보는 습관이 생겼는데, 유독 자해를 하는 아이들을 많이 만났기 때문입니다.

　미연이는 스트레스를 받거나 속상한 일이 생기면 상습적으로 자해를 하던 아이였습니다. 일단은 먼저 밥을 먹여야 했기에 식사를 마칠 때까지 기다렸다가 진실의 방으로 데리고 들어갔습니다. 더 자세히 들여다보니 상처가 꽤 깊고, 계속해서 진물이 흐르고 있었습니다.

"미연아, 많이 아프지? 병원은 왜 안 갔어? 치료가 하나도 안 되어있네."

"병원에 갔는데 보호자가 없어서 치료를 해줄 수가 없데요."

저는 미연이의 말을 듣고 곧바로 병원 응급실로 갔지만 이번에도 치료 거부를 당했습니다. 이유는 법적 보호자의 동의 없이는 침습적 치료(봉합시술)가 불가능해서였습니다. 미연이의 경우 상처가 깊어서 침습적 치료를 받아야 하는데 아직 미성년자이기 때문에 법적 보호자의 동의가 있어야지만 치료가 가능하다는 것입니다. 그래서 소독만 받고 병원을 나와야 했습니다.

미연이는 법적 보호자가 아무도 없습니다. 어머니는 돌아가시고 아버지는 누군지 모릅니다. 친척 어른들도 하나같이 법정대리인이 되어주지 않았습니다. 원래는 미연이가 지내던 청소년 보호시설 원장님이 그 역할을 해주셨는데 이마저도 미연이가 시설을 무단으로 도망쳐 나왔기 때문에 어렵게 되었습니다.

그래서 미연이는 아프면 안 되는 아이입니다. 아파도 보호자가 없어서 치료를 받지 못하기 때문입니다.

또한 미연이는 혼자서 아르바이트도 할 수 없습니다. 근로기준법 제66조에 의하면 18세 미만인 사람에 대해서는 그 나이를 증명하는 가족관계 기록사항에 관한 증명서와 친권자 또는 후견인의 동의서를 사업장에 갖추어 두어야 한다고 나와 있는데 미연이는 친권자와 후견인이 없기 때문에 아르바이트도 할 수 없었습니다. 이뿐 아니라 핸드폰 개통도 할 수 없고 주거 계약도 할 수 없습니다. 친권자와 후견인 없이 세상에 덩그러니 혼자 남았는데 혼자서 할 수 있는 게 하나도 없었습니다.

그래서 미연이는 늘 위험하고 불안한 삶을 살아가고 있습니다. 조건만남을 하고 성인 남자 친구를 사귀어서 핸드폰을 개통하고 성인 남자 집에서 생존을 이어가고 있습니다. 사실 지금 상황에서 미연이에게 가장 안전한 곳은 청소년 보호시설입니다. 그러나 미연이는 시설에서 지내는 생활을 힘들어했습니다. 아무리 이야기하고 설득을 해도 절대로 시설에 들어가지 않으려 했습니다. 오히려 미연이에겐 위험하고 불안하기만 한 어둠의 세계가 더 밝고 안전하다고 느끼는 듯합니다.

한번은 미연이가 보호자 동의를 받지 못해서 알바 거부 통보를 받자 속상해서 제게 이런 말을 한 적이 있습니다.

"착하게 열심히 살고 싶어도, 저는 결국 안 좋은 길로 갈 수밖에 없어요."

많은 것들을 생각하게 만드는 말입니다. 결국에는 안 좋은 길로 가야지만 살아갈 방법이 보인다는 말이 미연이의 너무도 가슴 아픈 현실입니다. 제가 아는 미연이는 생존을 위해서 어둠의 삶을 선택한 것이지 결코 악해서 어둠의 삶을 선택한 것이 아닙니다.

이처럼 미연이는 부모님이 안 계셔서 아픈 삶을 살고 있습니다. 청소년을 지키기 위한 기존의 법들과 보육제도가 더 섬세하고 따뜻하게 만들어져서 보호자가 없는 아이들도 안전할 수 있는 사회가 왔으면 좋겠습니다.

그런가 하면 다른 한편으론 부모님이 계셔서 아픈 삶을 살아가고 있는 아이들도 있습니다. 정말 아이러니하지만 현실이 그렇습니다. 부모님의 존재가 오히려 아이들에게 아픔이 됩니다.

기록적인 폭우가 쏟아졌던 어느 여름날, 서울에서 지내던 형식이에게서 전화가 왔습니다. 핸드폰 너머로 들려오는 아이의 목소리는 힘이 없고 두려움과 슬픔으로 가득 차 있었습니다. 그리고 이내 울음을 터뜨리며 하소연을 늘어놓기 시작했습니다. 딱히 거처가 없던 형식이는 숙식이 해결되는 일자리를 찾기 위해 여기저기 돌아다니다 서울까지 가게 되었는데 아직 일자리를 구하지 못했던 모양입니다. 그래서 그동안 가지고 있던 돈으로 찜질방, PC방에서 시간을 때우다 이제 그 돈도 다 떨어져서 밥도 못 먹고 비를 맞으며 노숙을 하게 되었습니다.

저는 급한 대로 형식이에게 밥값과 찜질방 비용을

보내주었습니다. 형식이는 부모님이 이혼하고 청소년기 때부터 혼자 자취하던 아이입니다. 그래도 다행인 것은 아버지하고는 종종 연락도 하고 왕래도 한다고 했습니다. 그런데 알고 보니 이것은 다행이 아니라 불행이었습니다.

형식이 아버지는 타지에서 새로운 여자를 만나서 살림을 차렸습니다. 그런데 몸이 아프다는 이유로 경제활동을 하지 않고, 틈만 나면 형식이한테 연락해서 병원비 명목으로 돈을 요구했습니다. 그때마다 형식이는 아버지를 위해서 가지고 있는 돈 전부를 보내줬고, 아버지는 돈을 받으면 유흥을 즐기는 데 사용했습니다.

또 한번은 형식이의 부채 문제를 해결하기 위해 신용회복위원회를 방문한 적이 있었습니다. 누군가 형식이의 명의로 백화점 카드를 만들고 통신사마다 휴대폰을 개통해서 결제한 것이 수천만 원까지 쌓이게 되었습니다. 형식이는 이때까지도 자신의 명의로 된 카드와 휴대폰의 존재를 알지 못했습니다.

그래서 통신사를 찾아다니며 알아보던 중 충격적인 사실을 발견했는데 형식이의 아버지가 형식이의 명의를 빌려서 최고급 휴대폰을 개통하고는 기곗값과 요금을 내지 않았던 것입니다. 형식이는 처음 듣는 소식에 황당해했고, 저는 이 부자지간의 답답하고 답 없는 현실에 그만 눈물을 흘리고 말았습니다. 형식이의 아버지는 형식이를 아들로 생각하지 않는 것 같았습니다. 그저 ATM처럼 돈이 필요할 때마다 연락하고 형식이의 명의를 빌려서 대출을 받는 아버지였습니다.

비가 내리던 날, 형식이에게 전화가 왔을 때 형식이는 흐느끼며 울었습니다. 힘들고 외롭고 배고파도 아버지를 의지할 수도, 찾아갈 수도 없는 형식이의 상황과, 그럼에도 이런 아버지를 유일한 부모로 생각하며 돈이 필요하다고 연락하면 바로 돈을 보내드리는 형식이의 마음이 읽혀져 저도 같이 울 수밖에 없었습니다.

이처럼 형식이 말고도 부모님의 존재가 아픔이 되는 아이들이 많이 있습니다. 제가 만났던 아이들 중에는 아버지에게 폭행을 당해서 응급실에 실려 간 아이도 있었고 생활력이 없는 어머니를 돌보느라 자기 삶을 못사는 아이도 있었습니다. 또 졸업할 때나 소년 재판을 받을 때도 부모님이 안 오신다고 해서 제가 보호자를 대신해야 하는 이들도 있었습니다. 이 아이들은 모두 마음속에 돌덩이만 한 응어리들을 품고 있습니다.

"목사님, 하나님은 왜 저에게 이런 부모님을 주셨나요?"

"아버지의 사랑을 몰라서 하나님의 사랑이 이해가 안 되네요."

"하나님이 저를 사랑하신다면서 왜 이런 가정에 태어나게 하셨나요?"

부모님으로 인해 아픈 아이들에게 하나님 아버지의 사랑을 전하는 것은 결코 쉬운 일이 아닙니다. 이 아이들의 추억과 감정 속에 하나님의 사랑을 유추할 만한 그 어떤 사랑도 존재하지 않기 때문입니다. 제가 처음 하나님의 사랑을 느꼈을 때 저는 부모님에게 받은 사랑을 떠올렸습니다. 부모님에게 받은 용서와 사랑을 통해 하나님의 사랑을 깨달았습니다. 하지만 이 아이들에겐 하나님의 사랑을 깨달을 만한 경험이 없습니다. 부모에게 용서받은 경험, 부모에게 한없는 사랑을 받아 본 경험이 없어서 하나님의 용서와 한없는 사랑을 쉽게 받아들이지 못합니다.

그래서 저는 이러한 아이들을 만날 때마다 이렇게 기도합니다.

'하나님, 오늘 제 모습을 통해 우리 아이들이 하나님을 느끼게 해주세요. 저에게 능력을 주셔서 아이들이 잘못해도 용서하게 해주시고 사랑하게 해주세요.'

아이들의 인생에 있어서 제가 유일한 하나님의 그림자입니다. 제 언행이 곧 하나님의 언행이고 제 성품이 곧 하나님의 성품이기 때문입니다. 그래서 아이들을 만날 때 무엇보다 하나님의 은혜와 능력이 필요합니다. 이렇게나마 아이들이 저를 통하여 하나님의 사랑을 느꼈으면 좋겠습니다. 부모님 때문에 아픈 아이들이 하나님 아버지를 만나 회복되기를 소망합니다.

15. 아이 엄마

얼마 전 제주도에 다녀올 일이 있었습니다. 제 인생 4번째 입도입니다. 사람마다 제주도 하면 떠오르는 1순위 여행지들이 있을 텐데, 저에게는 바로 '걸어가는 늑대들'이 그런 곳입니다. 제주시 조천읍 함덕리에 있는 <걸어가는 늑대들>은 동화작가 전이수의 갤러리입니다. 마음을 울리는 따뜻한 글들과 그림들이 전시되어 있고, 갤러리카페 창문 너머로는 함덕바다가 옥색 빛 자태를 뽐어내고 있어서 저절로 힐링이 되는 아름다운 여행지입니다.

저는 그곳에서 전이수 작가의 <엄마와 아들>이라는 작품을 감상하다가 복합적인 감정이 들어 눈물을 흘린 적이 있습니다. 작품의 글귀는 다음과 같습니다.

"엄마가 좋아서 엄마와 나를 그렸다. 나는 따뜻한 엄마 품에 안겨 잠드는 게 좋다. 힘들거나 속상한 일이 있을 때마다 엄마가 안아주면 모든 걱정과 아픔이 깨끗이 사라진다."

저 또한 엄마 품에 안겨 잠들었었고 엄마의 포옹에 모든 슬픔과 속상함이 눈 녹듯 녹았기에 너무 공감이 되는 글이었습니다. 그런데 문득 엄마 품을 느껴보지 못한 채 힘겹게 살아가고 있는 진영이라는 여자아이가 생각나서 눈물이 났습니다.

진영이는 엄마 품 '밖'에서 자란 아이입니다. 진영이 어머니는 청소년 시기에 남자 친구와 사귀다가 진영이를 임신했고, 출산한 지 얼마 안 되어 극단적인 선택을 했습니다. 그래서 진영이의 잠자리는 늘 차가웠고 외로웠습니다. 누구에게나 엄마가 필요하지만, 특별히 여자아이에게 엄마는 더욱 필요한 존재입니다. 두렵고 떨리는 첫 월경의 순간과 건강한 성 정체성을 형성하는데 엄마는 가장 좋은 스승이기 때문입니다.

그러나 진영이에게는 이런 엄마가 부재해서 첫 월경의 순간은 끔찍한 트라우마로 남았고 성 정체성은 건강하지 못하게 형성되었습니다. 오히려 진영이는 자신의 성을 이용한 생존법을 터득했는데 그것은 바로 엄마의 빈자리를 남자로 채우는 일이었습니다.

중학교 1학년인 열네 살부터 남자 품에 안겨 잠들었고 힘들거나 속상한 일이 있을 때마다 남자가 안아주면 모든 슬픔이 사라질 거라고 믿었습니다. 그래서 진영이에게는 남자가 끊이지 않았습니다. 사귀고 동거하다 헤어지기를 반복하고 이 과정에서 몇 번의 임신과 낙태가 이루어지기도 했습니다.

저는 이런 진영이를 바라보며 늘 조마조마했습니다. 저러다가 언젠가는 아이를 출산할지 모른다고 생각됐기 때문입니다. 그리고 제 걱정은 생각보다 빨리 현실로 이루어졌습니다. 어느 날, 진영이에게 연락이 왔습니다.

"목사님, 저 임신했어요. 그런데 너무 늦게 알아서 낙태는 못 한대요."

"진영아. 그럼, 어떻게 하기로 했어?"

"미혼모시설에 들어가서 출산할 때까지 지내기로 했어요."

"아기 아빠는?"

"몰라요. 헤어졌어요."

결국 진영이는 17년 전 자신의 엄마처럼 청소년 미혼모가 되었습니다. 그리고 태어난 아기는 시설로 보내졌고 진영이는 또다시 다른 남자의 품으로 들어갔습니다. 진영이가 아이를 출산하던 날, 저에게 연락하더니 축하해달라고 했습니다.

"목사님, 저 좀 축하해주세요. 방금 아기를 낳았어요."

태어나는 모든 아이와 부모들에게 진심을 담아 그토록 축하해 주었지만 진영이에게는 선뜻 축하한다는 말이 나오지 않았습니다. 이후에 진영이의 삶과 새로 태어난 아기의 삶이 어떻게 흘러갈지 짐작이 되었기에 마음이 답답했습니다. 진영이 자신도 엄마의 부재로 인해 세상을 원망하며 정말 힘들게 살았으면서 왜 자신의 아이에게 그런 인생을 물려주는지 도저히 이해할 수 없었습니다. 그래도 모든 감정을 억누르고 피어난 생명을 축복하며 축하해주었습니다.

진영이는 시간이 날 때마다 남자 친구와 아기를 보러 보육원을 찾았습니다. 그런데 갈 때마다 남자 친구가 바뀝니다. 엄마라고 하는 사람이 자기를 보러 올 때마다 새로운 남자를 데리고 오면서 아빠라고 소개한다면 과연 아기는 무슨 생각을 할지 걱정스러웠습니다.

하루는 진영이가 자기의 아이를 소개해 주겠다며 성인 남자 친구와 함께 찾아온 적이 있습니다. 그때 진영이는 저에게 지금 사귀고 있는 남자 친구와 집을 구해서 아기를 데리고 살 계획이라고 했습니다. 그런데 얼마 후 사귀던 남자 친구와 헤어졌다며 아기는 그냥 보육원에 맡긴다고 했습니다. 그리고 또 얼마

후 새로운 남자 친구가 생겨서 함께 아기를 키운다고 했다가 헤어지고 지금은 아이를 보육원에 맡겨둔 채 또 다른 남자 친구 집에서 동거하고 있습니다.

과연 진영이는 자신의 아이에게 자신과 같이 외롭고 아픈 삶을 물려준 것에 대한 미안한 마음을 갖고 있긴 하는 걸까요? 자신이 버려진 것처럼 자기의 아이를 버렸다는 사실에 죄책감을 느끼긴 할까요? 그때는 진영이를 이렇게 생각했었습니다.

그런데 제주도에 와서 전이수 작가의 글과 그림을 보고 있는데 문득 진영이의 상황을 이해하지 못했던 게 미안해졌습니다. 단 한 번도 따뜻한 엄마의 사랑과 품을 느껴보지 못한 진영이였기에, 또 자신을 버리고 세상을 등진 엄마를 경험했기에 자신의 아이에게도 그런 엄마밖에 되지 못할 수 있습니다. 하지만, 오히려 진영이는 자기 나름대로 최선을 다하고 있었습니다. 어떻게든 자신의 아이에게 나름 따뜻한 엄마가 되어주려고 노력하고 있던 것입니다. 그래서 남자 친구가 바뀌어도 그렇게 아기를 찾아갔고 어떻게든 집으로 데려오려고 하는지 모릅니다.

결국 따뜻한 엄마를 만나지 못해서 차가운 엄마가 되어버린 진영이지만 그래도 진영이는 '엄마'였습니다. 세상에서 가장 강인하고 따뜻한 엄마 말입니다.

16. 밤의 아이들

 저는 그다지 밤을 좋아하지 않습니다. 밤이 주는 암전과 침묵 속에서 뭔가 모를 두려움과 슬픔을 느끼기 때문입니다. 저의 밤이 이렇게 된 이유에는 두 가지 원인이 있습니다. 바로 가족들의 죽음과 제가 만나는 아이들의 사건·사고 때문입니다.

 저를 아껴주시던 할아버지와 할머니 그리고 아버지는 모두 한밤중에 돌아가셨습니다. 특히나 아버지의 죽음은 갑작스러웠기에 큰 트라우마로 남았습니다. 그래서 저는 밤이 되면 내일 아침에는 과연 가족들이 그대로 살아있을까 노심초사하며 잠에 들곤 합니다. 또한 제가 만났던 아이들은 주로 한밤중에 사고를 치거나 사건에 휘말립니다. 그때마다 저에게 전화를 해서 도움을 요청하니 자다 말고 아이들을 만나러 가는 경우가 부지기수입니다. 상황이 이렇다 보니 괜히 밤만 되면 긴장하게 됩니다.

   그래서 저에게 밤은 평안이 아닌 불안입니다. 하지만 모든 밤이 불안한 것은 아닙니다. 어느 밤들은 저에게 따뜻한 위로와 소망이 되어줍니다. 하늘에 빼곡했던 별들로 한없이 아름다웠던 강릉 안반데기와 영월 김삿갓면의 밤, 휘황찬란한 도시의 야경이 마치 신의 작품으로 느껴졌던 서울의 밤, 한치잡이 배들의 집어등으로 검은 바다가 밝게 빛났던 제주의 밤은 큰 위로를 주었습니다. 이 밤들의 추억 덕분에 제 밤은 점점 불안에서 평안으로 긴장에서 긴 잠으로 바뀌어 가는 중입니다.

   저의 밤은 이렇게 좋아지고 있는데 제가 만나는 아이들의 밤은 여전히 불안합니다. 아이들의 밤은 대부분 평안하지 못하니 쉽게 잠들지 못하고 깨어있기 마련입니다. 한 마리의 수리부엉이처럼 말입니다. 한번은 야생동물보호센터를 방문한 적이 있는데 그곳에서 날개뼈를 다쳐 영구 장애를 입은 수리부엉이 한 마리를 보았습니다. 이 수리부엉이를 멍하니 지켜보는데 문득 아이들 생각이 났습니다.

낮에 자고 밤에 활동하는 습성과 무엇보다 다쳐서 날아오를 수 없는 상황이 아이들과 너무 비슷했기 때문입니다. 제가 만나는 아이들도 날개를 다친 아이들입니다. 그래서 쉽게 날아오르지 못하고 늘 주저앉고 어둠에만 머무는 것입니다. 이러한 아이들 중에서 유독 영진이 생각이 많이 났습니다.

영진이라는 아이는 정신적으로 장애가 있던 아이였습니다. 그래서 상황 판단을 못 하고 충동적으로 행동할 때가 많았습니다. 또 낮에는 자고 밤에 일어나서 밤새도록 게임을 한다거나 아니면 온라인에서 만난 사람들과 술을 마시며 어울렸습니다. 이 과정에서 성폭행과 절도사건 등 각종 범죄가 발생하기도 했습니다.

저는 이런 영진이를 다독이기 위해 종종 만나 밥을 사주었습니다. 영진이는 만날 때마다 머리색이 바뀌었던 아이입니다. 이상할 정도로 자주 색을 바꿔가며 머리를 염색했습니다. 처음에는 이해가 되지 않았지만, 다시 생각해 보니 영진이에게도 밝게 빛나고 싶은 꿈이 있어서 머리라도 밝게 염색하는 게 아닐까 싶습니다.

 누구나 어둠을 좋아하지는 않습니다. 그저 어둠이 익숙하기에, 또 빛으로 나아갈 방법이 없기에 어둠에 머무는 것뿐입니다. 그래서 머리색만이라도 밝게 하고 싶었던 것은 아닌지 생각합니다. 안타깝게도 영진이와는 잠깐 만나고 헤어졌습니다. 저에게 수시로 돈을 빌려달라고 연락을 해서 단호하게 거절을 하자 서운했는지 더 이상 연락을 하지도 받지도 않았습니다. 이야기를 전해 듣기로 최근에 영진이는 온라인 사기 사건의 공범으로 재판을 받는다고 했습니다. 여전히 밤의 아이로 살아가고 있습니다.

 이러한 밤의 아이들을 빛의 아이들로 변화시키는 일은 정말 쉬운 일이 아닙니다. 사역을 하면 할수록 더 뼈저리게 느낍니다. 하지만 그만두고 싶지는 않습니다. 이 밤의 아이들은 모두 사랑받을 자격 있는 빛의 자녀들이라는 것을 알기 때문입니다. 아이들이 빛나는 그날까지 저는 사람들 눈에는 미련해 보이지만 하나님의 눈에는 가장 아름답게 보이는 이 바보 같은 사랑을 계속할 것입니다.

예수님께서도 바보 같은 사랑을 멈추지 않으셨습니다. 대표적인 사랑이 바로 '성육신' 사건입니다. 신이신 예수님이 인류 구원을 위해 인간의 모습으로 오신 이 사건은 이 세상에서 가장 바보 같은 행동입니다. 그러나 사람은 이 바보 같은 사랑 덕분에 구원의 은혜를 누리게 되었습니다. 이 성육신 사건이 우리에게 알려주는 것은 진정한 사랑은 바보처럼 보인다는 것입니다.

저도 그렇게 바보같이 밤의 아이들을 사랑하고 싶습니다. 그런데 자꾸만 제 안에 있는 계산 욕구가 이 사랑을 방해합니다. 더욱더 바보가 되리라 다짐합니다. 이렇게 사랑하다 보면 언젠가는 밤의 아이들도 밝게 빛나는 빛의 아이들이 될 것을 기대합니다.

어둔 밤 더 밝게 빛났던 별들처럼 그리고 어둔 밤 바다를 수 놓았던 집어등처럼, 밤이 깊은 우리 아이들이기에 누구보다 더 밝고 빛나게 물들일 것을 바라봅니다.

17. 저를 포기하지 마세요

 오랜 시간 청소년들 곁에 머물면서 수많은 아이들을 만났습니다. 모두가 소중하고 사랑스러웠지만 이 중에서 특별히 기억에 남는 두 아이가 있습니다. 이 두 아이는 저에게 편지를 잘 써주던 아이들입니다. 저는 개인적으로 편지를 굉장히 소중하게 생각합니다. 그래서 저의 보물 1호도 편지 상자입니다. 초등학교 때부터 지금까지 받은 모든 편지들을 보관해 놓고 가끔 꺼내 읽는데, 그러면 그 시절의 추억과 감정들이 새록새록 떠오르면서 초심으로 돌아가게 되고 마음이 따뜻해집니다.

 저에게 처음으로 편지를 보내온 아이는 정규라는 아이였습니다. 정규는 성격이 예민하고 까다로운 데다가 따지기도 좋아하고 짜증도 많아서 여러 가지로 상대하기 어려운 아이였습니다. 그럼에도 저는 이런 정규에게 최선을 다했습니다. 늘 안부 연락을 해주고 이따금 초콜릿에 응원과 사랑의 메시지를 담은 쪽지를 끼워서 보내주기도 했습니다. 그리고 교회에 올 때면 칭찬과 격려를 아끼지 않았습니다. 이렇게 몇 개월간을 지속하다 보니 정규도 저에게 마음의 문을 열었습니다.

남들한테는 여전히 까칠하게 정색했지만, 저한테만큼은 어느 순간부터 부드러워지고 자주 웃어주었습니다. 그러면서 서서히 자신의 속 이야기들을 꺼내놓기 시작했습니다. 정규는 원래 개그맨이 꿈이었습니다. 그런데 정규의 부모님은 정규를 늘 못마땅하게 여기며 정규의 꿈을 반대하셨습니다. 정규는 자신을 응원해 주지 않는 부모님으로부터 상처를 많이 받고 있었습니다. 또한 외모콤플렉스도 심해서 자기 자신을 누구보다 못마땅하게 여겼습니다. 이처럼 부모님에게 지지받지 못하고 자기 자신을 사랑하지도 못하니 타인에게 예민하고 적대적인 것은 어쩌면 당연한 일인지 모르겠습니다.

저는 정규의 왜곡된 자아정체성과 부모님과의 관

계를 회복시키는 게 우선이라고 생각해서 틈나는 대로 정규에게 하나님의 사랑을 이야기 해주었습니다. 말로만 전하면 안 되었기에 그 사랑을 직접 행동으로 보여주었습니다. 그야말로 초밀착 사랑입니다. 이렇게 늘 비판만 듣던 정규가 한없는 응원과 지지를 받으니 어둡던 얼굴이 환하게 바뀌었습니다. 정규는 쑥스러움이 많아서 고마움을 말로 표현하지는 못했지만 수시로 저에게 편지를 써주었습니다. 그중에서 정말 잊지 못할 한 문장이 있습니다.

"저를 포기하지 말아주세요. 함께 천국에 가야죠."

이 문장이 인상 깊었던 것은 마음이 아팠기 때문입니다. 지금까지 살아오면서 얼마나 많은 사람들에게 포기를 당한 건지, 얼마나 많은 비판을 들었으면 스스로를 못마땅하게 여길까. 안타깝게도 정규는 고등학교를 졸업 후 타지로 대학을 간 뒤 더 이상 교회에 나오지 않았고 연락마저도 끊어졌습니다.

하지만 제 안에는 여전히 정규가 있습니다. 지금도

정규를 위해 기도하고 있습니다. 자기를 포기하지 말아 달라는 정규의 편지를 잊지 못하기 때문입니다. 또한 이 문장은 자기를 포기하지 말라는 모든 아이의 목소리라고 생각합니다. 정류장에서 만나는 모든 아이를 포기하지 않고 하나님의 사랑을 전해서 모두와 함께 천국에 갔으면 좋겠습니다.

저에게 편지를 잘 써주던 또 다른 아이는 소영이입니다. 하루는 밤에 교회에서 일을 하고 있는데 소영이가 울면서 연락을 해왔습니다.

"목사님, 지금 교회에 가도 돼요? 부모님이 싸우셔서 집을 나왔어요."

소영이의 부모님은 이혼 법정까지 갈 만큼 사이가 안 좋았고 수시로 부부싸움을 했습니다. 소영이는 이러한 부모님의 깊은 갈등 때문에 언젠가는 자신이 버림받을 수도 있다고 생각하며 큰 두려움과 불안에 시달리고 있었습니다. 심지어는 싸움의 원인이 자신에게 있다고 생각해서 자신이 사라지면 모든 것이 잘 해결될 거라는 위험한 생각을 하기도 했습니다.

저는 이런 소영이에게 따뜻한 어른이 되어주겠노라 결심했습니다. 그래서 불안한 마음에 예수님의 평안을 심어주고 싶었습니다. 이 일을 위해 소영이와 맛있는 것도 먹으러 다니고, 함께 찬양을 들으며 드라이브도 가고, 희망적인 말들을 많이 해주었습니다. 다행히도 소영이는 안정을 찾았고 열심히 하나님을 의지하게 되었습니다.

그리고 항상 저에게 고마운 마음을 편지로 표현해주었는데 소영이는 제 인생에서 가장 많은 편지를 써준 사람입니다. 소영이의 글에는 따뜻한 위로가 묻어나서 편지를 읽으면 큰 힘과 위로를 받곤 했습니다. 자신이 많이 아파봐서 그런지 사람의 아픔을 이해하고 치유해 주는 힘이 글에 녹아져 있습니다.

어느덧 이십 대 중반이 된 소영이는 지금도 함께하고 있습니다. 십 년이 다 되도록 스승의 날과 제 생일이 되면 축하 편지를 보내주고 있습니다. 이제는 친구처럼 함께 늙어가는 존재가 되었고 함께 만나서 예배도 드리고 차도 마시고 맛있는 것도 먹습니다.

너무나 행복한 것은 청소년기에 겪었던 아픔을 이제는 웃으며 이야기할 수 있게 된 것입니다.

저는 언젠가 소영이와 함께 아이들을 살리는 일을 하고 싶습니다. 소영이는 누구보다 아픈 청소년기를 보냈기에 지금의 아픈 아이들에게 큰 위로가 되어줄 수 있기 때문입니다. 소영이의 따뜻한 글이 사람을 살리는 도구가 되었으면 좋겠습니다. 소영이가 제게 처음으로 써준 편지를 이 책에 담아봅니다. 쑥스러움을 많이 타서 차에다가 휙 던져놓고 가던 소영이의 첫 편지입니다. 이 편지로 더욱더 아이들을 사랑하리라 다짐해 봅니다.

to. 전도사님께

안녕하세요ㅋㅋㅋ오글오글하네...독서실이라서
편지지는 없고 연습장을 찢어서 죄송해요ㅜㅜ
음 갑자기 편지를 쓴 이유는 항상 너무
감사한데 표현을 못해서 이렇게 편지로...글씨가
지렁이지만 이해해주시고 음 항상 데려다주시고

가끔 집에까지 오셔서 먹을꺼주시고 진짜진짜
감사해요ㅠㅠ 그럴때마다 완전 감동의 물결~~
또 편지도 항상 써주시고!! 그 목캔디에 있던
거랑 보라색 종이편지는 지갑에 넣고 다녀요^^
그리고 걱정도 많이 해주셔서 감사해요ㅠㅠ 또
진짜 전도사님께서 애들 챙겨주실 때 너무너무
존경스러워요! 진심으로 대해주시는 것 같아서
완전 멋져요!! 그리고 막 우리 어무이께서도
전도사님 대단하시다고 막 그래요~~ 쨋든
겉으로는 막말하고 때리지만 속으로는 항상
감사한 마음가지고 있어요!! 항상 감사드리고
죄송합니다ㅠㅠ 그럼 굿밤~~ From. 소영

딱히 의지할 사람도, 편하게 머물 곳도 없었던 아이들이었기에 석식당에 와서 밥 먹는 것을 좋아했고 자기들의 아픈 이야기들도 잘 털어놓았습니다. 저는 특별히 아이들이 아픈 이야기들을 꺼내놓을 때면 마음을 다해 기도해 주었는데 이것은 자연스럽게 예배로 이어지게 되었습니다. 그래서 토요일에 밥을 먹고 양떼예배를 드리게 되었습니다. 이름이 "양떼예배"인 이유는 아이들이 이름 그대로 "양아치떼"였기 때문입니다. 이렇듯 2019년 봄부터 본격적인 위기청소년 사역이 시작되었습니다.

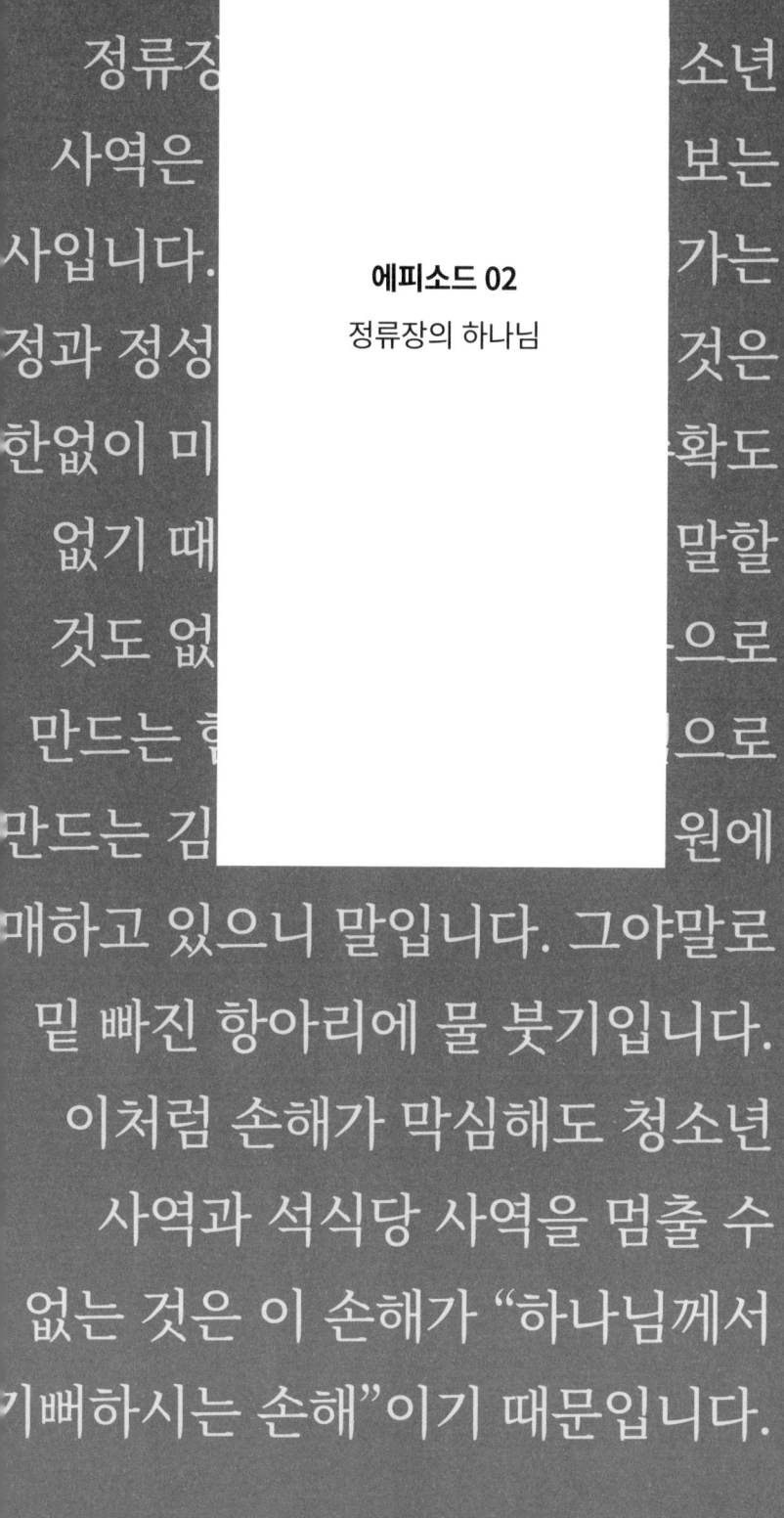

에피소드 02
정류장의 하나님

1. 아이들의 정류장교회

 신학대학을 다니며 교회 개척을 생각하던 중, 교회가 편의점보다 많다는 뉴스 기사를 접하고 굳이 개척해야 하나 고민을 한 적이 있습니다. 그때 존경하던 한 선배가 제게 이런 말을 해줬습니다.

 "현석아, 홍수가 나면 물은 넘치지만 정작 마실 물은 없어지게 된다."

 저는 이때 선배님이 해주신 말씀에 큰 깨달음을 얻어 교회를 개척하기로 결심했습니다.

 "그래. 아무리 교회가 많다고 하지만 여전히 목마른 영혼들도 많지 않은가? 이들을 위한 교회를 개척해서 영혼을 구원해야겠다."

제가 개척에 대한 당위성을 갖게 된 것은 그 당시 위기청소년이라는 목마른 영혼들을 만나고 있었기 때문입니다. 이들은 한국교회가 쉽사리 품지도, 다가가지도 못하던 영혼들이었습니다. 전도사로 사역하던 교회에 위기청소년들을 데리고 와서 복음을 전하고 밥을 해 먹이는데 우여곡절이 많았습니다. 아이들이 교회에 나옴으로써 전에 없던 불미스러운 일들이 발생하고 미꾸라지 한 마리가 온 웅덩이를 흐려놓는다는 속담처럼 교회공동체를 어지럽게 만들기도 했습니다. 전통과 도덕이라는 거대한 장벽에 싸인 기성교회가 거룩하지 못하고 규범이 없는 위기청소년들을 품는다는 것은 물이 기름을 품지 못하는 것처럼 어려운 일이었습니다.

그래서 <정류장교회>를 개척했습니다. 위기청소년들이 다닐 수 있는 교회, 위기청소년들을 이해해 줄 수 있는 교회가 필요하다고 생각했습니다. 교회 이름을 '정류장'이라고 지은 이유는 여러 가지가 있습니다.

1. 길 잃은 아이들을 천국집에 데려다주는 천국행 버스가 오는 교회
2. 정류장이 버스를 기다리는 것처럼 한없이 아이들을 기다리는 교회
3. 등하굣길 아이들로 붐비는 정류장처럼 아이들로 붐비는 교회
4. 잠시 쉬었다 가는 정류장처럼 언제든지 쉬었다 갈 수 있는 교회

이렇게 교회 이름을 짓고 2017년 4월 1일에 개척 설립 예배를 드렸습니다. 이 땅에 기독교대한감리회 정류장교회가 세워진, 지극히 개인적이지만 역사적인 순간이었습니다. 이후 아이들을 만나기 위해 다양한 사역들을 시도했는데 신기하게도 매번 실패를 반복했습니다.

처음으로 시도한 일은 "작은 도서관" 사역이었습니다. 위기청소년들과 도서관은 어울리지 않았지만 그럼에도 작은 도서관을 시도한 이유는 카페를 하기 위해서였습니다. 아내의 작은 아버지께서 커피 판매

기를 비롯한 중고 카페 비품들을 취급하셨는데 교회를 개척한다는 이야기를 들으시고는 커피 머신과 카페 비품들을 후원해 주셨습니다. 그래서 교회를 카페처럼 꾸며놓았는데 정작 카페로 운영하지는 못했습니다. 사업자등록을 하고 영업 신고를 하려면 생각보다 많은 재정이 들어가기 때문입니다. 그래서 생각해 낸 것이 작은 도서관이었습니다. 작은 도서관을 하면 운영 기금 마련을 위한 카페 운영을 할 수 있었기 때문입니다. 또 아이들에게 교회라고 소개하기보다 작은 도서관이라고 소개하면 거부감이 덜 할 것으로 생각했습니다.

그런데 이러한 제 생각은 철저하게 오판이었습니다. 아이들에게 교회나 도서관은 필요 없는 곳이었습니다. 결국 1년 동안 작은 도서관을 운영하면서 만났던 청소년들은 공부할 장소가 필요했던 기성교회를 잘 다니던 모범생 아이들 몇 명뿐이었습니다. 물론 이 아이들도 귀한 영혼이지만 제가 만나야 했던 영혼들이 아니었기에 큰 아쉬움이 남았습니다.

이렇듯 장소를 마련해 놓고 기다린다 해도 아이들

이 안 온다는 것을 경험하고는 다음으로 시도한 사역이 "학교 앞 토스트 전도"입니다. 천막과 가스통 그리고 철판과 해바라기 가스버너를 들고 지역에서 위기청소년 비율이 가장 높은 실업계 학교 버스 정류장으로 전도를 나갔습니다. 반응은 예상했던 것보다 더 뜨거웠습니다. 근처에 분식집과 편의점이 없었기 때문에 아이들은 버스를 기다리는 동안 천막에 와서 토스트를 먹었습니다. 그런데 토스트 전도를 통해 많은 아이를 만났지만 정작 대화를 나눠본 아이들은 몇이 안 되었습니다. 그 이유는 다른 게 아니라 너무도 정신이 없었습니다. 줄은 길게 늘어서 있고 아이들은 곧 버스가 온다며 보챘습니다. 또 학교가 강변에 있는 덕분에 바람이 많이 불어 식빵이 날아다니고 배너가 수시로 쓰러졌습니다. 혹 미세먼지가 심하거나 비가 오면 전도를 하지 못했습니다. 그리고 중간에 아버지께서 갑자기 돌아가시는 바람에 토스트 전도도 열매를 맺지 못하고 끝나버렸습니다.

작은 도서관과 토스트 전도는 나름 심혈을 기울여 준비했던 사역이었지만 아무 열매도 맺지 못해 크게 낙심한 일이었습니다. 그런데 하나님은 저의 실수와

실패를 통하여 선하신 일들을 이루셨습니다. 바로 성도님들을 보내주신 것입니다. 타지에서 도서관 교회를 다니셨던 한 성도님 가정이 원주에 오셔서 도서관 교회를 찾아보시다가 정류장교회에 등록을 하시게 되었습니다. 이 성도님 가정은 미국으로 이민을 가시기까지 몇 년 동안 정류장교회에 나오시며 하나님과 깊은 사랑을 나누었습니다. 아마도 하나님께서는 이 성도님 가정을 위해 작은 도서관의 문을 열게 하셨던 것 같습니다. 또한 토스트 전도를 통해 열매 맺은 것은 없지만 제 얼굴을 전교생에게 알리는 계기가 되었고 이는 다음에 소개할 햄버거 전도에 큰 도움이 되었습니다.

2018년 봄과 여름은 아버지의 갑작스러운 죽음으로 몸과 마음이 지쳐있었습니다. 유품 정리를 비롯한 상속 문제와 행정 처리 등 해야 할 일들이 산더미처럼 쌓였기 때문에 아이들을 만날 여유가 없었습니다. 몸과 마음을 추스르고 다시 아이들을 만나러 나간 것은 그해 가을이었습니다.

이번에는 두 가지 시도를 했는데 "햄버거 전도"와

"보호관찰위원 활동"입니다. 햄버거 전도는 전에 토스트 전도를 하던 학교 앞에 가서 아이들에게 명함을 나눠주는 것으로 시작했습니다. 명함에는 제 연락처와 함께 이런 문구를 적어 놓았습니다.

많이 힘든 너에게 따뜻한 햄벅을 주고 싶다.
햄버거전도사 최현석

교회와 관련된 문구는 하나도 넣지 않고 명함에 적힌 연락처로 연락해서 햄버거를 사달라고 하면 무조건 사주겠다고 했습니다. 이미 토스트 전도로 제 얼굴을 알고 있던 아이들이었기에 20명 가까이 되는 아이들이 편하게 연락했었습니다. 그때부터 이 아이들과 지속해서 만나며 햄버거를 먹고 친밀한 관계를 형성해 나갔는데 만났던 아이들은 대부분 가정에 불화가 있고 비행을 저지르고 방황하던 아이들이었습니다. 아이들은 십중팔구 햄버거를 먹다가 이런 질문을 했습니다.

"그런데 왜 햄버거를 사주시는 거예요?"

그러면 저는 이때다 싶어서 다음과 같이 대답합니다.

"응. 나는 청소년들을 응원하고 싶은 목사님이자 청소년 상담 선생님이야. 너희들에게 힘을 주고 싶어서 이렇게 햄버거를 사주는 거란다. 그리고 걱정하지 마. 나는 사이비교회 목사나 교주는 아니란다."

이렇게 대답을 하면 일단 아이들은 경계심을 허물고 저를 목사님이라고 잘 불러주었고, 저도 아이들에게 오늘은 포장해서 교회에서 먹자고 편하게 이야기를 할 수 있게 됩니다.

"오늘은 목사님 교회에 포장해 가서 먹자. 이상한 데 아니니깐 걱정하지 마."

"저희 장기 털리는 거 아니에요?"

아이들은 진담 반 농담 반으로 무섭다고 하면서도 교회에 첫발을 내딛습니다. 그렇게 한번 오고 나면 아늑한 교회 인테리어 덕분에 교회는 아이들의 아지트가 되었습니다. 햄버거 집에서 먹는 것보다 오히려 조용한 교회에 와서 햄버거를 먹으며 쉬다 가는 것을 더 좋아했습니다. 이렇게 햄버거 전도를 통해 30명 넘는 아이들이 인생 처음으로 교회의 문턱을 넘어오게 되었습니다.

또한 같은 시기에 지방법원 소년위탁보호위원으로도 활동을 하게 되었습니다. 소년위탁보호위원은 소년보호처분 1호 처분을 받은 아이들을 한 달에 한 번씩 만나서 멘토 역할을 해주는 것인데, 이때 만났던 아이를 교회로 불러내어 햄버거를 사주었고 그때마다 아이가 친구들을 몇 명씩 데리고 온 덕분에 또 20명 가까이 되는 아이들이 교회의 문턱을 넘어오게 되었습니다.

이렇게 해서 2018년 가을부터 약 50명이 넘는 위기청소년들이 정류장교회로 몰려들기 시작했습니다. 소년범, 가정밖청소년, 학교밖청소년, 성매매청소년, 그리고 한부모가정과 조손가정 등의 취약계층 청소년들이 대부분이었습니다. 아이들의 인원이 많아진 탓에 햄버거를 사주는 비용도 부담이 되었습니다. 그래서 생각해 낸 것이 바로 "석식당"입니다.

 매주 토요일 저녁마다 아이들에게 밥을 해주기로 마음을 먹고, 2019년 3월 16일 석식당의 문을 열었습니다. 신기했던 점은 회심을 경험할 때 하나님께서 저에게 주신 성경 말씀이 요한복음 21장 17절의 내 양을 먹이라는 말씀이었는데 실제로 아이들을 먹이는 사역을 하게 되었다는 것입니다.

 딱히 의지할 사람도, 편하게 머물 곳도 없었던 아이들이었기에 석식당에 와서 밥 먹는 것을 좋아했고 자기들의 아픈 이야기들도 잘 털어놓았습니다. 저는 특별히 아이들이 아픈 이야기들을 꺼내놓을 때면 마음을 다해 기도해 주었는데 이것은 자연스럽게 예배로 이어지게 되었습니다. 그래서 토요일에 밥을 먹고 양떼예배를 드리게 되었습니다. 이름이 "양떼예배"인 이유는 아이들이 이름 그대로 "양아치떼"였기 때문입니다. 이렇듯 2019년 봄부터 본격적인 위기청소년 사역이 시작되었습니다. 석식당을 통해서 주린 배를 채우고 정류장교회 양떼예배를 통해서 주린 마음을 채워주었습니다.

그러던 중 2020년 초에 코로나바이러스가 온 세계를 휩쓸었고 모든 사역을 멈출 수밖에 없었습니다. 그러나 이 시기에 하나님은 상황이 위급한 위기청소년들을 더 깊이 만나게 하셨습니다. 에피소드별에 등장하는 몇몇 아이들을 바로 이 시기에 만난 것입니다. 또한 다른 장에서 더 깊이 다루겠지만 어느 성도님의 선교헌금을 통해 교회를 식당으로 리모델링하고 석식당이라는 이름으로 사업자등록과 영업 신고까지 하게 되었습니다. 그래서 2022년 4월 5일에 코로나 기간에도 문을 열 수 있는 석식당을 다시 시작하게 되었고, 2020년 5월 23일을 끝으로 멈추었던 석식당이 2년 만에 다시 문을 열었습니다.

이렇게 해서 지금까지 석식당과 양떼예배를 이어오고 있습니다. 아이들은 정류장교회를 통해 몸과 마음을 따뜻하게 채우며 하나님의 사랑을 알아가고 있습니다. 하나님은 위기청소년들을 먹이시고 구원하시기 위해 정류장교회와 석식당을 세우셨습니다. 그래서 우리는 위기청소년들을 먹이고 지속적으로 복음을 전하고 있습니다. 외국인들을 위해 영어예배를 만들고 장애우들을 위해 계단을 없애고 수어 통역사를 배치하는 것처럼 우리 교회도 위기청소년들을 위해 공간을 구성하고 예배를 설계합니다. 어떻게 보면 전통을 무시하는 것 같고 장난스러워 보일 수도 있지만 이 모든 것은 위기청소년들에게 밥을 먹이고 복음을 전하기 위한 사랑과 헌신입니다. 정류장교회는 위기청소년들의 교회이기 때문입니다.

에피소드 2는 정류장교회와 석식당을 통해 제가 만난 하나님에 관한 이야기입니다. 위기청소년들을 구원하고 먹이기를 원하시는 하나님의 열심과 사랑을 느끼며 하나님과 같은 시선과 마음이 생겨나기를 소망합니다.

2. 너는 사랑만 해. 내가 채워줄게

   정류장교회와 석식당을 통해 아이들을 만나면서 정신적으로나 육체적으로나 힘들었던 적이 한두 번이 아닙니다. 아이들의 끝없는 배신과 잠수 그리고 하루가 멀다 하고 발생하는 사건과 사고들은 제 몸과 마음을 지치게 했습니다.

   기록적인 불볕더위가 기승을 부렸던 2021년 여름, 상습적으로 문제를 일으키는 아이들로 인해 제 속은 여름의 뜨거운 열기보다 더 뜨겁게 타들어 갔습니다. 집에서 위탁보호를 하던 아이가 약속을 지키지 않은 채 수시로 가출을 해서 찾으러 다니고, 또 언제 집을 나갈지 모르니 뜬눈으로 밤을 새우기 일쑤였습니다. 노숙하던 어떤 아이는 교회에서 구해준 원룸을 위기청소년들의 아지트로 만들고 술 파티와 성행위를 하는 장소로 사용했고 이 과정에서 또 많은 사건이 발생하기도 했습니다. 또 어떤 아이는 다른 아이들에게 제 욕을 하고 다니며 분열을 조장했습니다.

이 모든 일을 동시다발적으로 겪다 보니 제 몸과 마음에 이상 반응이 나타나기 시작했습니다. 잠자리에 누우면 심장이 쿵쾅거리는 소리가 너무 크게 들리고, 이불과 베개가 축축해질 정도로 식은땀을 많이 흘려서 쉽게 잠들지 못했습니다. 또한 잦은 두통과 복통에 시달리고 무엇보다 혈압이 평소와 다르게 급격하게 높아지곤 했습니다. 저의 아버지가 심장질환으로 돌아가셨기 때문에 저는 이 모든 증상이 꼭 심장질환으로 이어질 것 같아 두렵기도 했습니다.

그러던 어느 날 대학병원 응급실을 찾았습니다. 혈압을 재면 계속 높게 나오고 뒷목이 너무 당겨서 혈관계 질환이 의심되었기 때문입니다. 응급실에 가서 심장초음파와 CT를 찍고 결과를 기다리는데 저 멀리서 의사 선생님이 걸어오고 있었습니다. 그때는 모든 것이 슬로우 모션(Slow Motion)처럼 느리게 보였습니다. 눈에 보이는 모든 사물은 천천히 지나가는데 제 머릿속에는 수만 가지 생각들이 빠르게 지나갔습니다.

그때 하나님을 원망했습니다. '왜 나에게 위기청소년들을 향한 마음을 부어주셔서 이렇게 아프게 하시나요. 저는 최선을 다해서 열심히 사랑하려고 했는데, 그래서 집도 내어주고 모든 걸 다 쏟아부었는데 결과가 이게 뭔가요. 저는 이렇게 죽는 건가요.'

식은땀이 나고 심장이 쿵쾅거리고 혈압이 갑자기 높아지고 뒷목이 당기는 모든 증상들이 뇌출혈이나 심근경색의 전조증상이라고 스스로 생각했기 때문에 검사 결과를 기다리는 동안 두려웠습니다. 오죽하면 의사를 기다리는 동안 회개 기도와 구원의 기도를 계속해서 드릴 정도였습니다. 지금은 우스갯소리처럼 하고 있지만 그때는 엄청 불안했습니다. 잠시 후 의사 선생님이 검사 결과를 말해 주었습니다.

"심장초음파와 CT 검사 결과 심장도, 뇌 모두 정상입니다. 아마도 스트레스 때문에 담이 걸리고 혈압이 갑자기 높아진 것 같네요. 스트레스 조절 잘하시고 퇴원하셔도 됩니다."

검사 결과를 듣고 안도했지만 허무하고 창피하기도 했습니다. 무슨 큰 병에 걸린 줄 알았건만 고작 담에 걸린 거였다니. 그렇게 몇십만 원짜리 담 치료를 받고 웃으며 돌아왔습니다.

하지만 집에 돌아와서도 여전히 제 몸과 마음은 회복될 기미가 없었습니다. 심장은 쿵쾅거리고, 흘러내리는 식은땀으로 쉽사리 잠들지 못하고 두통과 복통은 계속 저를 괴롭게 만들었습니다. 심지어는 아이들이 밉기도 하고 무섭기까지 했습니다. 아무리 기도하고 마음을 다잡아도 아이들이 품어지지 않았습니다. 그래서 결국 위기청소년 사역을 그만두기로 했습니다. 때마침 코로나로 인해 석식당도 쉬고 있어서 절호의 타이밍이었습니다. 저는 그렇게 제 연락처에 있는 아이들의 번호를 차단하고 이제 어른 성도님들과 어린이들을 대상으로 열심히 목회해야겠다고 마음을 바꿨습니다.

그런데 기도할 때마다 자꾸만 아이들 생각이 났습니다. 마음속에서 아이들을 지우려 해도 지워지지 않고 머릿속에서 잊으려 해도 잊히지 않았습니다. 그래서 하나님께 이렇게 하소연했습니다.

'하나님. 그 아이들이 불쌍한 거 알아요. 그런데 이제 더는 그 아이들을 만나고 싶지 않아요. 너무 힘이 들어요. 하나님도 잘 아시잖아요. 저는 그 아이들을 품을 능력이 안 돼요. 저 혼자서는 아무것도 못 해요. 어차피 코로나라서 아이들 밥도 먹이지 못해요."

그때마다 하나님은 제 마음 가운데 다음과 같은 문장을 주셨습니다.

"현석아, 너는 사랑만 해다오. 나머지는 내가 다 채워줄게."

꽤 많은 시간 동안 위의 내용으로 하나님과 씨름했습니다. 마치 니느웨 백성들을 두고 하나님과 씨름했던 요나처럼 말입니다. 하나님은 요나의 고집을 꺾으시고 니느웨로 돌려보내셨던 것처럼 마찬가지로 제 고집도 꺾으시며 다시금 아이들을 곁으로 돌려보내셨습니다. 그래서 저는 아이들 연락처를 차단한

지 수개월 만에 다시 아이들 곁으로 돌아가게 되었습니다.

그런데 이번에는 마음가짐이 좀 달랐습니다. 전에는 청소년 사역에 자신이 있었고 힘이 있었다고 했다면 이제는 힘이 다 빠져버려서 하나님의 능력을 의지하게 되었고 아이들을 만나는 일이 두렵고 무서워서 그만큼 더 열심히 기도하게 되었습니다. 제가 얼마나 연약하고 무능한지를 깨달았기 때문에 그 어느 때보다 하나님의 능력을 의지하며 아이들을 만나서 밥을 사주고 이야기를 들어주고 복음을 전하게 되었습니다.

신명기 7장 9절에 보면 하나님을 신실하신 하나님이라고 소개하고 있습니다.

> "그러므로 당신들은 주 당신들의 하나님이 참 하나님이시며 신실하신 하나님이심을 알아야 합니다. 주님을 사랑하고 주님의 계명을 지키는 사람에게는, 천 대에 이르기까지 그의 언약을 지키시며, 또 한결같은 사랑을 베푸시는 신실하신 하나님이심을 알아야 합니다."

이처럼 신실하신 하나님은 제가 사랑만 하면 다 채워주시겠다는 약속을 실제로 이루어주셨습니다. 이와 관련된 간증들이 넘쳐나지만, 금액을 기준으로 가장 큰 채워주심과 가장 작은 채워주심에 대한 이야기를 나누고자 합니다.

먼저 가장 큰 채워주심은 석식당 리모델링입니다. 코로나가 기승을 부렸던 2020년, 정부는 7월 10일을 기준으로 교회에서 식사 금지라는 행정명령을 내렸습니다. 이에 따라 모든 교회마다 식사 모임이 금지되었고 정식 식당이 아니었던 석식당도 문을 닫게 되었습니다. 정류장교회의 주된 사역이었던 석식당이 문을 닫자, 아이들의 발길도 줄어들었습니다.

그래서 찾아가는 석식당의 일환으로 도시락 배달도 해보고 외부 식당을 이용해 보기도 했지만, 아이들을 만나는 데 많은 한계가 있었습니다. 한편으로는 위기청소년 사역을 그만둘 수 있는 가장 좋은 핑곗거리라고 생각했습니다. 코로나로 인해서 석식당도 문을 닫고 아이들도 못 만나니깐 이참에 위기청소년 사역을 그만둬야겠다고 생각했습니다.

그런데 기적 같은 일이 벌어졌습니다. 어느 날, 가까운 친척으로부터 연락이 왔는데 내용인즉슨 친척과 같은 교회를 다니시는 어느 성도님이 정류장교회 이야기를 듣고는 교회 공간을 식당 공간으로 바꾸어 주고 싶다는 것입니다. 그래서 이분의 헌금을 통해 교회 공간을 식당으로 리모델링했고 석식당이라는 이름으로 사업자등록과 영업신고까지 했습니다.

또한 공사를 다 마치고도 재정이 남아서 석식당을 운영하는 데 필요한 자본금으로 사용할 수 있게 되었습니다. 이제 석식당은 코로나와 상관없이 아이들이 찾아올 수 있는 정식 식당이 되었고 주일에는 정류장교회의 예배 공간으로 사용할 수 있게 된 것입니다. 저는 이 기적 같은 순간을 온몸으로 느끼면서 신실하신 하나님을 더욱 신뢰하게 되었습니다.

하나님은 제가 사랑하기로 결단했을 때 모든 것을 채워주시는 분이십니다. 그런데 큼지막한 것뿐만 아니라 사소한 것까지도 채워주셨습니다. 한번은 닭볶음탕을 해 먹기 위해 아내와 장을 보러 갔습니다. 저는 퍽퍽한 닭가슴살보다 부드러운 다리 살을 좋아해서 아내에게 닭 두 마리를 사자고 했습니다. 그러나 닭 두 마리를 사는 것은 과소비라며 거절당했고, 아쉬움을 뒤로 한 채 닭볶음탕을 해 먹었습니다.

그런데 다음 날 지역의 어느 교회 권사님들께서 정류장교회에 방문하셨는데 생닭 두 마리를 사 들고 오셨습니다. 보통 교회에 처음 방문하시는 분들은 주로 과일이나 쌀을 가지고 오시는데 생닭 두 마리를 들고 오시는 분들은 난생처음이었습니다. 이분들은 저에게 닭 두 마리를 건네시며 이렇게 말씀하셨습니다.

"장을 보다가 목사님 생각이 나서 닭 두 마리를 사 왔어요. 이걸로 닭볶음탕 해 드세요."

저는 권사님들이 나가시자마자 하염없이 울었습니다. 감정이 북받친 것도, 슬픈 것도 아닌데 하염없이 울었습니다. 그날 신실하신 하나님, 경이로우신 하나님을 만났기 때문입니다. 이처럼 하나님은 제가 사랑하기로 결단했을 때 필요한 모든 것들을 채워주셨습니다.

저는 이러한 하나님을 힘입어 오늘도 아이들을 만나고 있습니다. 그리고 하나님의 마음을 절실하게 느끼고 있습니다. 땅 위의 모든 외롭고 아프고 차가운 아이들을 구원하고 싶은 하나님의 간절함을 알기 때문입니다. 하나님은 이 아이들을 구원하시기 위해 저를 채우셨던 것입니다.

현석아, 너는 사랑만 해. 내가 채워줄게!

3. 밑 빠진 항아리에 물 붓기

   정류장교회와 석식당의 청소년 사역은 한마디로 말해 손해 보는 장사입니다. 청소년 사역에 들어가는 재정과 정성에 비해 거둬들이는 것은 한없이 미약하고 때론 아무 수확도 없기 때문입니다. 석식당은 말할 것도 없습니다. 한우와 한돈으로 만드는 함박스테이크와 스팸으로 만드는 김치볶음밥을 단돈 천 원에 판매하고 있으니 말입니다. 그야말로 밑 빠진 항아리에 물 붓기입니다. 이처럼 손해가 막심해도 청소년 사역과 석식당 사역을 멈출 수 없는 것은 이 손해가 "하나님께서 기뻐하시는 손해"이기 때문입니다. 하나님은 손해를 감수해 가면서 하나님의 뜻에 순종하는 사람들을 기뻐하시는 분이십니다.

   룻기에는 이러한 하나님의 마음이 잘 담겨 있습니다. 이 책에는 세 명의 주인공이 등장합니다. 바로 나오미와 룻과 보아스입니다. 이 세 명에게는 한 가지 공통점이 있는데, 바로 손해를 감수하고 사랑을 선택했던 사람들이라는 것입니다.

먼저 나오미를 살펴보면, 남편이었던 엘리멜렉과 함께 고향 베들레헴의 기근을 피해 모압으로 이주했습니다. 그런데 이때부터 나오미의 인생에 큰 비극이 찾아오기 시작합니다. 남편 엘리멜렉이 갑작스럽게 죽고, 결혼해서 잘살고 있던 두 아들 말론과 기룐도 어떤 이유에서인지 모르지만 죽었습니다. 이제 나오미 곁에는 두 며느리인 오르바와 룻밖에 없었습니다. 그런데 여기서 나오미가 이상한 말을 합니다. 룻기 1장 8절 말씀입니다.

"길을 가다가, 나오미가 두 며느리에게 말하였다. "너희는 제각기 친정으로 돌아가거라. 너희가, 죽은 너희의 남편들과 나를 한결같이 사랑하여 주었으니, 주님께서도 너희에게 그렇게 해주시기를 빈다.""

나오미는 나이가 많은 탓에 젊은 오르바와 룻의 도움 없이는 생존할 수 없는 상황이었습니다. 그런데도 나오미는 두 며느리에게 친정으로 돌아가라고 권면했습니다. 어떻게든 두 며느리를 설득하고 타일러서 자신의 옆에 붙어있게 해야 나오미 자신도 먹고 살아갈 수 있을 텐데 오히려 며느리들을 친정으로 돌려보내려는 것입니다. 왜 손해를 감수하면서까지 며느리들을 돌려보내려고 하는 걸까요? 그 이유가 룻기 1장 9절에서 10절 말씀에 나와 있습니다.

> "너희가 각각 새 남편을 만나 행복한 가정을 이루도록, 주님께서 돌보아 주시기를 바란다." 나오미가 작별하려고 그들에게 입을 맞추니, 며느리들이 큰소리로 울면서 말하였다. "아닙니다. 우리도 어머님과 함께 어머님의 겨레에게로 돌아가겠습니다."

나오미는 젊은 며느리들이 재혼을 해서 행복한 가정을 이루길 원했습니다. 그래서 자신의 손해를 감수하면서까지 자기를 떠나 친정으로 돌아가라고 권면했던 것입니다. 이에 첫째 며느리였던 오르바는 친정으로 돌아갔습니다. 하지만 둘째 며느리인 룻은 끝까지 고집을 부리며 나오미 곁에 남겠다고 했습니다. 룻기 1장 16절에서 17절 말씀입니다.

> 그러자 룻이 대답하였다. "나더러, 어머님 곁을 떠나라거나, 어머님을

뒤따르지 말고 돌아가라고는 강요하지 마십시오. 어머님이 가시는 곳에 나도 가고, 어머님이 머무르시는 곳에 나도 머무르겠습니다. 어머님의 겨레가 내 겨레이고, 어머님의 하나님이 내 하나님입니다. 어머님이 숨을 거두시는 곳에서 나도 죽고, 그곳에 나도 묻히겠습니다. 죽음이 어머님과 나를 떼어놓기 전에 내가 어머님을 떠난다면, 주님께서 나에게 벌을 내리시고 또 더 내리신다 하여도 달게 받겠습니다."

룻의 대답은 어리석기 그지없었습니다. 오르바처럼 하루라도 빨리 나오미를 떠나 친정으로 돌아가서 새 남자와 결혼하고 살림을 차리는 게 현명하고 지혜로운 선택일 텐데 룻은 늙어서 힘이 없는 나오미 곁에 남겠다고 했습니다. 룻은 과연 무슨 이유로 이런 선택을 했을까요? 그 이유가 룻기 3장 10절에 있습니다.

보아스가 룻에게 말하였다. "이봐요, 룻, 그대는 주님께 복받을 여인이오. 가난하든 부유하든 젊은 남자를 따라감직한데, 그렇게 하지 않으니, 지금 그대가 보여준 갸륵한 마음씨는, 이제까지 보여준 것보다 더욱더 값진 것이오."

성경은 이러한 룻의 선택에 대해 인애를 베풀었다

고 기록하고 있습니다. 인애는 '헤세드'라는 히브리어를 번역한 것으로, 주로 인간에 대한 하나님의 자비와 긍휼을 나타낼 때 사용되는데 룻이 나오미를 대할 때 이 단어를 썼습니다. 즉, 룻은 늙고 힘이 없어서 도저히 혼자 살아갈 수 없는 나오미에게 하나님의 마음으로 자비와 긍휼을 베푼 것입니다. 그래서 모든 손해를 감수하며 나오미 곁에 남은 것입니다. 룻의 행동은 세상의 관점에서 보면 커다란 손해이지만 하나님의 관점에서는 상 받을만한 행동이었습니다. 하나님은 손해를 각오하고 나오미 곁에 남았던 룻의 행동에 보답하시고 갚아 주시기를 원하셨습니다. 룻기 2장 12절 말씀입니다.

> "댁이 한 일은 주님께서 갚아 주실 것이오. 이제 댁이 주 이스라엘의 하나님의 날개 밑으로 보호를 받으러 왔으니, 그분께서 댁에게 넉넉히 갚아 주실 것이오."

그래서 하나님은 룻을 보아스의 밭으로 이끌었고, 더 나아가서는 보아스와 결혼까지 하는 상을 주었습니다. 손해 보기 싫어서 자기 살길 찾아 떠난 오르바와는 비교할 수 없는 큰 축복이자 은혜였습니다.

또 다른 주인공인 보아스는 어땠을까요? 보아스도 룻과 나오미와 마찬가지로 사랑을 위하여 손해를 감수했던 사람입니다. 보아스가 감수했던 손해는 룻을 아내로 맞이한 것입니다. 죽은 엘리멜렉의 친족이었던 보아스에게는 룻을 아내로 맞이해야 하는 의무가 있었습니다. 이 의무는 바로 신명기 25장 5절에 나오는 계대결혼 제도와 레위기 25장 25절에 나와 있는 고엘 제도를 근거로 하고 있습니다. 이 제도는 형제나 친족 중에서 대를 잇지 못하고 죽었을 경우 가까운 친족이 대신 결혼을 해주어서 대를 잇게 해주며, 형제 중에 삶이 힘들어져서 땅을 팔았을 경우 가까운 형제가 대신 땅을 사주는 제도입니다. 그래서 보아스에게는 나오미의 땅을 사들이고 룻과 결혼을 해야 하는 의무가 있었습니다.

[신명기 25장 5절]

형제들이 함께 살다가, 그 가운데 한 사람이 아들이 없이 죽었을 때에, 그 죽은 사람의 아내는 딴 집안의 남자와 결혼하지 못합니다. 남편의 형제 한 사람이 그 여자에게 가서, 그 여자를 아내로 맞아, 그의 남편의 형제된 의무를 다해야 합니다.

[레위기 25장 25절]

네 친척 가운데 누가 가난하여, 그가 가진 유산으로 받은 땅의 얼마를 팔면, 가까운 친척이 그 판 것을 무를 수 있게 하여야 한다.

하지만 이런 의무가 있다고 한들 보아스가 거절하면 그만이었습니다. 이미 룻기 4장 6절에 보면 보아스보다 더 가까운 엘리멜렉의 친족이 거절한 바 있습니다.

> 그러자 집안간으로서의 책임이 있는 그 사람이 말하였다. "그런 조건이라면 나는 집안간으로서의 책임을 질 수 없소. 잘못하다가는 내 재산만 축나겠소. 나는 그 책임을 질 수 없으니, 당신이 내가 져야 할 집안간으로서의 책임을 지시오."

더 가까운 엘리멜렉의 친족과 달리 보아스는 손해를 감수해 가면서 룻을 아내로 맞이했습니다. 세상의 관점으로 보면 6절의 이 이름 모를 사람이 더 현실적이고 현명해 보입니다. 반면에 보아스는 어리석어 보입니다. 이스라엘 여인도 아니고 이방 여인에다가 가난하고 결혼까지 한 이 여인을 맞이하는 일은 누가 봐도 손해이기 때문입니다. 그러나 하나님은 어리석은 선택을 했던 보아스에게 이후 이루 말할 수 없는 큰 축복을 주었습니다. 룻기 4장 17절입니다.

> 이웃 여인들이 그 아기에게 이름을 지어 주면서 "나오미가 아들을 보았다!" 하고 환호하였다. 그들은 그 아기의 이름을 오벳이라고 하였다. 그가 바로 이새의 아버지요, 다윗의 할아버지이다.

바로 보아스로 하여금 다윗왕의 증조부가 되는 축복을 누리게 했습니다. 그리고 여기서 그치지 않고 예수 그리스도의 직계조상이 되어 예수님의 족보에 이름을 남기는 영광을 누리게 했습니다. 손해 보기를 꺼려서 룻과 결혼을 거절했던 사람은 성경에 이름조차 기록되지 않았지만, 손해를 감수하며 룻과 결혼했던 보아스는 예수님의 족보에 그 이름이 선명히 적혀있습니다.

룻기가 우리에게 말씀하고 있는 것은 사랑하는 일에 손해를 두려워 말자는 것입니다. 한번은 어떤 아이의 자립을 돕기 위해 생계비와 보증금과 통신비를 지원해 준 적이 있습니다. 몇 개월 치의 교회 월세에

해당하는 꽤 큰 액수였고, 또 금액을 지원한다고 해서 이 아이가 잘 살아갈지도 미지수였던 상황이었지만 손해 보기로 마음을 먹고 사역비를 지출했습니다.

또한 석식당도 늘 손해 보는 장사를 하고 있습니다. 하지만 손해는커녕 이상하게도 이익이 발생하고 있습니다. 재정의 이익, 사람의 이익, 사역의 이익 말입니다. 저는 이 결과물들이 손해를 각오하고 아이들을 사랑하는 정류장교회와 석식당에 주시는 하나님의 보상이라고 믿습니다.

사역과 사랑하는 일에 가장 큰 방해는 '계산'입니다. 내가 이것을 주면 무엇을 받을 수 있으며, 이 일이 나에게 손해인지, 이익인지를 따져가며 사랑한다면 그 사랑은 금방 시들어버리고 사역은 사업이 되어버릴 것입니다.

생각해 보면 누구보다 예수님은 손해의 모범을 보여주셨습니다. 인류를 구원하시기 위해 자기 육체를 내어주셨기 때문입니다. 결국 이 손해를 통해 모든 인류는 구원의 기회를 얻게 되었습니다.

아이들을 위해 손해를 보면 볼수록 아이들에게도 회복할 기회, 더 나아가 구원받을 기회가 주어진다는 것을 명심해야 합니다. 밑 빠진 항아리에도 물을 계속 부어주면 항아리가 마르지 않는 것처럼, 구멍 난 아이들의 마음에도 사랑을 계속 부어주면 반드시 살아날 것입니다. 그래서 사랑의 또 다른 이름은 손해입니다.

4. 밥을 줄게. 꿈을 다오!

　얼마 전, 정류장교회가 있는 원주 지역의 한 학교 선생님들 사이에서 석식당에 대해 부정적인 평가들이 오간다는 것을 전해들었습니다. 청소년들이 석식당에 와서 밥을 먹은 뒤 이곳에서 만난 새로운 선후배들과 또래집단을 결성하고 비행을 저지른다는 이유에서였습니다. 석식당을 향한 차가운 시선에 속상하기도 했지만 한편으로는 이해도 되었습니다.

　물론 선생님들께서 우려하는 내용은 사실이 아닙니다. 이미 석식당에 오는 청소년들은 전부터 서로가 잘 알고 지내던 사이입니다. 그래도 어떤 부분에서 이런 부정적인 이야기들이 오가는지 잘 알기에 석식당을 하는 날에는 온 신경을 곤두세우며 아이들을 관찰하고 있습니다.

석식당이 열리는 날이면 15명 가까이 되는 아이들이 오토바이를 타고 담배 냄새 풀풀 풍기며 등장합니다. 조용했던 동네는 아이들의 욕 하는 소리와 가래침 뱉는 소리, 오토바이 소리로 시끄러워지고 동네 주민들은 이내 눈살을 찌푸리곤 합니다. 이런 불량(?)스러운 모습으로 인해 아이들을 향한 시선과 석식당에 대한 평가가 차가운 것은 어쩌면 당연한 일인지 모릅니다.

그런데 이러한 아이들도 석식당에만 오면 순하고 착한 양이 됩니다. 셰프님과 봉사자들이 아이들을 향해 환하게 웃어주면 아이들도 멋쩍어하면서도 이내 미소를 띱니다. 특별히 셰프님의 생일 때는 아이들이 케이크도 사 오고 꽃도 사 오고 축하 노래도 불러주며 수줍은 감사의 표시를 합니다. 그리고 스승의 날에는 깜짝 이벤트를 해주기도 합니다. 이럴 때 보면 영락없는 아이들입니다. 무엇이 이 아이들을 일찍이 어른의 삶으로 만들었는지 모르지만, 아이들이 그 삶을 선택한 데는 분명 이유가 있을 것입니다.

그래서 석식당은 이런 이유 있는 아이들에게 온기

를 전하기 위해 문을 열어두고 따뜻한 눈 마주침, 따뜻한 포옹, 따뜻한 밥, 따뜻한 말로 아이들을 만나고 있습니다.

저는 이렇게 차가운 인생을 살아가고 있는 아이들에게 온기를 전하는 식당들이 전국 각지에 세워지기를 소망합니다. 특별히 이 일을 한국교회가 감당했으면 좋겠습니다. 왜냐하면 교회는 사람을 대접하는 공동체이기 때문입니다.

성경에 보면 대접하라는 말씀이 많이 등장합니다.

[히브리서 13장 2절]
나그네를 대접하기를 소홀히 하지 마십시오. 어떤 이들은 나그네를 대접하다가, 자기들도 모르는 사이에 천사들을 대접하였습니다.

[마태복음 7장 12절]
그러므로 너희는 무엇이든지, 남에게 대접을 받고자 하는 대로, 너희도 남을 대접하여라. 이것이 율법과 예언서의 본뜻이다.

[베드로전서 4장 9절]

불평 없이 서로 따뜻하게 대접하십시오.

[마태복음 25장 35-40절]

'너희는, 내가 주릴 때에 내게 먹을 것을 주었고, 목마를 때에 마실 것을 주었으며, 나그네로 있을 때에 영접하였고, 헐벗을 때에 입을 것을 주었고, 병들어 있을 때에 돌보아 주었고, 감옥에 갇혀 있을 때에 찾아 주었다' 할 것이다. 그 때에 의인들은 그에게 대답하기를 '주님, 우리가 언제, 주님께서 주리신 것을 보고 잡수실 것을 드리고, 목마르신 것을 보고 마실 것을 드리고, 나그네 되신 것을 보고 영접하고, 헐벗으신 것을 보고 입을 것을 드리고, 언제 병드시거나 감옥에 갇히신 것을 보고 찾아갔습니까?' 하고 말할 것이다. 임금이 그들에게 말하기를 '내가 진정으로 너희에게 말한다. 너희가 여기 내 형제자매 가운데, 지극히 보잘 것 없는 사람 하나에게 한 것이 곧 내게 한 것이다' 할 것이다.

대접의 사전적 의미에는 "음식을 차려 접대한다"는 뜻이 담겨 있습니다. 예수님은 당신의 제자들에게 먹을 것과 마실 것을 나눠주라고 가르치셨습니다. 심지어는 원수 같은 사람들에게도 음식을 먹이라고도 하셨습니다.

[잠언 25장 21절]

네 원수가 배고파 하거든 먹을 것을 주고, 목말라 하거든 마실 물을 주어라.

나를 힘들게 하고 아프게 하는 원수들에게도 음식을 대접해야 하는 것이 성도의 사명이자 본분인데, 하물며 갈 곳 없고 머물 곳 없는 아이들에게 음식을 대접하는 일이야말로 당연히 교회가 해야 할 일이 아닐까요?

가정에서 버림받고 세상에서 외면당한 작디작은 아이들을 대접할 때 이것은 곧 나에게 한 것이라고 말씀하셨던 예수님을 기억하고, 또 부지중에 천사들을 대접한 이들도 있었다는 말씀을 기억하며 아이들을 먹이고 또 먹여야 합니다. 이것이 바로 석식당이 존재해야만 하는 명분이자 당위성입니다.

[마태복음 25장 40절]

임금이 그들에게 말하기를 '내가 진정으로 너희에게 말한다. 너희가 여기 내 형제자매 가운데, 지극히 보잘 것 없는 사람 하나에게 한 것이 곧 내게 한 것이다' 할 것이다.

[히브리서 13장 2절]

나그네를 대접하기를 소홀히 하지 마십시오. 어떤 이들은 나그네를 대접하다가, 자기들도 모르는 사이에 천사들을 대접하였습니다.

석식당을 운영하는 저의 마음가짐은 말씀에 대한 순종에서 비롯됩니다. 아이들에게 어떤 기대나 요구를 하지 않으려고 노력합니다. 나는 너한테 밥을 해 주었으니 너는 나한테 이걸 해줘야 한다고 계산이 들어가기 시작하면 이 사역은 오래갈 수 없습니다. 그저 아무 이유와 대가 없이 아이들을 대접할 뿐입니다. 다만 한 가지 바람(wish)이 있습니다. 그것은 바로 아이들이 꿈을 꾸는 것입니다. 석식당에서 준 밥을 먹고 아이들이 꿈을 꿨으면 좋겠습니다.

가난했던 20대 초반, 그렇게 저를 데리고 다니며 맛있는 음식들을 사주셨던 신학대학 선배들이 있었습니다. 때로는 당시에 꿈도 못 꾸던 값비싼 레스토랑과 뷔페에도 데리고 가준 적도 있었습니다. 저는 그때마다 줄곧 이런 생각이 들었습니다.

'지금은 이렇게 얻어먹지만, 나중에는 나도 누군가에게 밥을 사주는 사람이 되어야겠다.'

'열심히 살아서 건강하고 따뜻한 밥 먹는 사람이 되어야겠다.'

석식당에 오는 아이들이 석식당에서 주는 밥을 먹고 저와 같은 꿈을 꾸었으면 좋겠습니다. 그런 날이 오기를 고대하며 오늘도 석식당 문을 열어둡니다.

얘들아, 밥을 줄게. 꿈을 다오!

5. 하늘의 동역자

목회를 하면서 절실히 느끼는 것은 만능 재주꾼이 되어야지만 목회 현장에서 살아남을 수 있다는 것입니다. 노래도 잘 불러야 하고 악기도 다룰 줄 알아야 하며 상담은 기본이고 글도 잘 쓰고 말도 잘해야 합니다. 방송 음향 장비와 컴퓨터도 능숙하게 다뤄야 하고 여기다 상당한 행정 업무능력과 리더십도 요구됩니다. 이 모든 능력을 골고루 갖춰야지만 한국교회가 필요로 하는 목회자가 될 수 있습니다.

그런데 안타깝게도 저는 만능 재주꾼이 아닙니다. 신기할 정도로 할 줄 아는 게 아무것도 없습니다. 어느 날은 진지하게 과연 내가 목회자로서 잘할 수 있는 것이 무엇인지 고민해 보았는데, 유일하게 찾은 답은 스타렉스 운전이었습니다.

그래서 제가 정류장교회의 담임목사와 석식당 대표로 살아갈 수 있는 것은 모든 것이 다 하나님의 은혜입니다. 특별히 저는 저의 능력을 잘 알기 때문에 주저하고 망설일 때가 참 많습니다. 설교할 때도, 이 책을 쓰는 동안에도, 또 사역할 때도 늘 자신감 부족입니다.

이런 제 자신을 보면서 출애굽기 4장에 나오는 모세의 모습이 생각났습니다. 떨기나무에서 출애굽의 지도자라는 위대한 사명을 받았는데도 자신의 연약함 때문에 주저하고 망설이던 모세의 모습에서 동질감을 느낍니다. 다시 한번 출애굽기 4장 10~15절에서 모세와 하나님의 대화를 살펴보겠습니다.

> 모세가 주님께 아뢰었다. "주님, 죄송합니다. 저는 본래 말재주가 없는 사람입니다. 전에도 그랬고, 주님께서 이 종에게 말씀을 하고 계시는 지금도 그러합니다. 저는 입이 둔하고 혀가 무딘 사람입니다." 주님께서 그에게 말씀하셨다. "누가 사람의 입을 지었느냐? 누가 말 못하는 이를 만들고 듣지 못하는 이를 만들며, 누가 앞을 볼 수 있는 사람이 되게 하거나 앞 못 보는 사람이 되게 하느냐? 바로 나 주가 아니더냐? 그러니 가거라. 네가 말하는 것을 내가 돕겠다. 네가 할 말을 할 수 있도록,

내가 너에게 가르쳐 주겠다."

모세가 머뭇거리며 "주님, 죄송합니다. 제발 보낼 만한 사람을 보내시기 바랍니다" 하고 말씀드리니, 주님께서 모세에게 크게 노하시어 말씀하셨다. "레위 사람인 너의 형 아론이 있지 않느냐? 나는 그가 말을 잘 하는 줄 안다. 그가 지금 너를 만나러 온다. 그가 너를 보면 참으로 기뻐할 것이다. 너는 그에게 말하여 주어라. 네가 할 말을 그에게 일러주어라. 네가 말을 할 때에나 그가 말을 할 때에, 내가 너희를 둘 다 돕겠다. 너희가 하여야 할 말을 가르쳐 주겠다."

모세는 자신의 연약함 때문에 하나님의 부르심을 여러 번 망설였고 하나님은 이런 모세에게 화를 내시며 말 잘하는 아론을 붙여 줄 테니 가서 출애굽의 지도자가 되라고 말씀하셨습니다.

저는 이 말씀을 읽으면서 이런 생각이 들었습니다. 처음부터 말 잘하는 아론을 사용하시지 왜 굳이 자질이 부족한 모세를 사용하셨을까? 그리고 이 물음에 대한 답을 출애굽기 32장에서 찾았습니다. 모세가 40일 동안 홀로 시내산에 올라가서 하나님의 언약을 받을 때 산 밑에 백성들은 모세가 사라졌으니 새로운 신을 만들어서 자신들을 인도하라며 아론에게 요청했습니다. 출애굽기 32장 1절입니다.

> 백성은, 모세가 산에서 오랫동안 내려오지 않으니, 아론에게로 몰려가서 말하였다. "일어나서, 우리를 인도할 신을 만들어 주십시오. 우리를 이집트 땅에서 올라오게 한 모세라는 사람은 어떻게 되었는지 모르겠습니다."

아론은 백성들의 요구에 다음과 같이 행동합니다. 출애굽기 32장 2~5절의 말씀입니다.

> 아론이 그들에게 말하였다. "여러분의 아내와 아들 딸들이 귀에 달고 있는 금고리들을 빼서, 나에게 가져 오시오." 모든 백성이 저희 귀에 단 금고리들을 빼서, 아론에게 가져 왔다. 아론이 그들에게서 그것들을 받아 녹여서, 그 녹인 금을 거푸집에 부어 송아지 상을 만드니, 그들이 외쳤다. "이스라엘아! 이 신이 너희를 이집트 땅에서 이끌어 낸 너희의 신이다." 아론은 이것을 보고서 그 신상 앞에 제단을 쌓고 "내일 주님의 절기를 지킵시다" 하고 선포하였다.

아론은 백성들의 요구에 한 치의 망설임도 없이 응답했습니다. 이는 자신감에서 비롯된 결과입니다. 자신에게 이 문제를 해결할 만한 능력과 지혜가 있다고 믿었기 때문입니다. 이러한 아론과 백성들의 어리석음에 진노하신 하나님은 징계를 내리려고 했습니다. 그러자 모세는 다음과 같이 하나님께 용서를 구했습니다. 출애굽기 32장 31절에서 32절 말씀입니다.

> 모세가 주님께로 돌아가서 아뢰었다. "슬픕니다. 이 백성이 금으로 신상을 만듦으로써 큰 죄를 지었습니다. 그러나 이제 주님께서 그들의 죄를 용서하여 주십시오. 그렇게 하지 않으시려면, 주님께서 기록하신 책에서 저의 이름을 지워 주십시오."

오히려 백성들을 용서해달라고 기도하는 모세의 모습을 보면서 하나님이 왜 말 잘하는 아론보다 말 못하는 모세를 선택하셨는지 이해가 되었습니다. 모세에게는 더 성숙한 신앙과 사랑이 있었습니다. 그래서 하나님은 사랑 많은 모세를 사용하시고 그의 부족한 부분은 아론을 통해 채우셨던 것입니다. 저는 모세 이야기를 통해 힘을 얻었습니다.

> '그래. 내가 능력은 없지만 순수하고 정직하게 최선을 다해 사랑하는

목회자가 되자. 그럼, 하나님께서 나에게도 돕는 자들을 보내주실 것이다.'

그리고 이러한 믿음은 현실로 이루어졌습니다. 하나님께서 필요할 때마다 동역자들을 보내주신 것입니다. 이번 장에는 동역자들의 이야기를 담았습니다. 정말 감사한 동역자들이 많이 계시지만 책의 분량을 고려해서 일선에서 직접 도움을 주고 계시는 몇 분의 동역자들만 적었습니다. 모든 동역자분들께 양해를 구합니다.

하늘의 동역자 1. 돕는 배필

저는 외모도 준수하지 못하고 배경도 내세울 것이 없어서 결혼은 꿈도 꾸지 못했습니다. 그런데 제 아내가 먼저 저를 좋아해 주었습니다. 아내는 교회학교 교사로 함께 청소년 사역을 했었는데 순수하게 사랑하는 제 모습에 호감을 느꼈다고 합니다. 저도 그런 아내가 너무 좋았습니다. 아무것도 내세울 것 없는 저를 사랑해 주는 모습을 통해 진정한 사랑을 느꼈습니다. 그래서 아내와 결혼을 전제로 연애를 시작했고 1년 만에 하나님 앞에서 부부가 되었습니다.

아내는 저의 부족한 모든 것들을 채워주며 돕는 배필이 되어주었습니다. 특별히 저에게 없는 미적 감각과 행정업무 능력이 있어서 정류장교회와 석식당의 소프트웨어 역할을 하고 있습니다. 항상 감사하게 생각하며 더 따뜻하고 사려 깊고 다정한 남편이 되도록 노력하겠습니다. 감사합니다. 사랑합니다.

하늘의 동역자 2. 석식당 요리사

전도사 시절에도 그리고 2019년 처음 석식당을 할 때도 요리는 제가 했었습니다. 그런데 제 요리는 평소 아이들이 먹는 인스턴트 음식과 크게 다르지 않습니다. 주로 라면을 끓여주고 냉동 볶음밥을 볶아주고 햄버거를 만들어주었기 때문입니다.

그러던 어느 날, 아이들이 정말 먹고 싶어 하는 메뉴가 '집밥'이라는 것을 깨닫고 큰 한계에 부딪혔습니다. 저에게는 집밥을 만들만한 능력이 없었기 때문입니다. 그때 하나님은 처제를 생각나게 해주셨습니다. 같은 교회에서 함께 신앙생활을 했던 처제는 소외당하는 사람들을 잘 챙겼었고 두 아이에게도 다정하고 따뜻한 엄마였습니다.

　무엇보다 장모님의 손맛을 닮아 요리도 잘했습니다. 그래서 처제에게 석식당의 요리사가 되어 달라고 부탁을 했는데 처제는 기쁜 마음으로 수락을 해주었습니다. 그래서 지금까지 석식당의 요리사로 아이들에게 따뜻하고 맛있는 밥을 만들어주고 있습니다. 처제의 요리는 맛도 맛이지만 한없이 따뜻합니다. 내 아이에게 먹인다는 마음으로 사랑을 담아 만들기 때문입니다. 이런 처제의 요리와 마음 덕분에 석식당에는 온기가 넘쳐납니다.

하늘의 동역자 3. 소목초

　저의 위기청소년 사역에 있어서 가장 중요한 부분은 인테리어입니다. 어둡고 차가운 환경에서 많은 시간을 보내는 아이들에게 교회 공간을 통해 밝고 따뜻한 분위기를 느끼게 해주고 싶었습니다. 이런 가치관에 맞게 조명과 색과 가구들을 고르는 것은 굉장히 어려운 일이었습니다.

그런데 이 어려운 일을 소목초팀이 해주고 있습니다. 디자인을 전공한 사촌 처제와 목수인 사촌 동서는 '소목초'라는 사업자를 내고 나무와 패브릭으로 아름다운 가구와 소품들을 만들고 인테리어 시공을 하고 있는데, 제가 요청할 때마다 기꺼이 재능을 기부하며 공간을 밝고 따뜻하게 꾸며주고 있습니다. 예수님을 닮아 늘 따뜻한 삶을 살아가는 두 분의 손길 덕분에 석식당은 언제나 따뜻하고 편안합니다.

하늘의 동역자 4. 로제워십

저는 타고난 음치와 박치입니다. 그래서 찬양도 잘 못 부르고 악기도 다루지 못합니다. 이런 제가 교회를 한 번도 다녀본 적 없는 아이들 앞에서 반주를 틀어놓고 홀로 찬양을 부를 때면 마치 스탠딩 코미디를 하는 개그맨처럼 웃음을 선물할 때가 다반사입니다. 아이들은 웃느라 정신이 없고 하나님께서도 이 예배는 안 받으시겠다 싶을 정도로 예배가 산만해집니다. 그래서 저는 늘 기도하며 소원했습니다.

'하나님, 양떼예배에 찬양팀을 보내주세요. 저 혼자 하기에 너무나 역부족입니다. 하나님도 제 찬양 듣기 힘드시잖아요. 하나님을 위해 그리고 아이들을 위해 찬양팀을 보내주세요.'

그러던 어느 날, 모르는 청년들에게서 메시지가 왔습니다. 내용인즉슨 위기청소년 사역에 함께 힘을 보태고 싶다는 것입니다. 그래서 약속을 잡고 청년들을 만났습니다. 이들은 정류장교회 근처에 있는 원주제일장로교회 청년들이었는데 찬양 인도와 반주 경험이 있고 청소년부 교사로도 활동했던 팔방미인들이었습니다.

그래서 그날 바로 '로제워십'이라는 양떼예배 찬양팀이 결성되었습니다. 이름이 로제워십인 이유는, 그날 다 같이 로제찜닭을 먹다가 놀라운 하나님의 은혜를 발견했기 때문입니다. 로제소스는 빨간 토마토소스 또는 고추장에 하얀 크림을 섞어서 분홍빛이 나는 소스인데 아이들의 피나는 빨간 인생에 예수님의 하얗고 거룩한 빛을 비추어서 분홍빛 인생을 만들어줘야겠다는 마음이 들어서 로제워십이라고 이름을 지었습니다.

　로제워십 청년들은 베테랑들입니다. 인도에 하늘, 보컬에 김지은, 신디에 강선영, 드럼에 안도현, 베이스에 김재형입니다. 로제워십의 찬양은 산만한 아이들도 집중해서 따라 부를 정도입니다. 그리고 아이들을 위하는 마음가짐과 자세도 너무나 아름답습니다. 다행히 아이들도 로제워십 청년들을 선생님이라고 부르며 잘 따릅니다. 이들에게 선생님이라는 존재는 혼내고 포기하고 무시하는 어른들이었는데, 로제워십 선생님들은 기다려 주고 품어주고 지지해 주는 어른들입니다. 아이들의 진짜 스승입니다. 그래서 제 인생 찬양팀 1번은 로제워십 찬양팀입니다. 이들의 찬양은 그저 말로 끝나지 않고 삶으로 이어지기 때문입니다.

하늘의 동역자 5. 석식당 봉사자

　석식당을 하면서 이런 상상을 해 보았습니다. '원주 지역의 유명한 식당 사장님들이 석식당에 오셔서 아이들을 위해 맛있는 요리를 해준다면 정말 좋겠다!' 그런데 저의 상상이 현실이 되었습니다. 원주에서 정말 유명한 식당인 소로 여행자의 집, 프로스트, 황골보리밥 사장님들께서 아이들을 위해 정기적으로 요리를 해주고 있습니다. 이분들에게 처음 연락이 왔을 때 느껴졌던 전율과 환희를 지금도 잊을 수가 없습니다. 얼마나 감동적이었는지 모릅니다.

  사장님들의 요리들은 사장님들을 꼭 빼닮았습니다. 차분하고 따뜻한 소로 사장님의 요리에는 진정시키는 힘이 있어서 먹는 아이들마저도 평안하게 만들고, 세련되고 멋이 있는 프로스트 사장님의 요리는 멋지게 살아야겠다는 꿈을 심어주어서 아이들에게 삶의 의미를 되찾게 합니다. 엄마 같은 황골보리밥 사장님의 요리는 언제나 정이 넘쳐나서 아이들이 풍성한 사랑을 느낍니다.

  그뿐만 아니라 금메달족발보쌈 사장님, 스테이션민 사장님, 바우로스터리 사장님, 포레스트커피 사장님, 오루엘르 사장님, 카페 리조이스 사장님, 프랭크버거 무실점 사장님, 함께하는교회 여선교회에서 아이들을 위해 식재료와 간식 나눔 등 선한 나눔을 해주고 있습니다.

또한 석식당이 열리는 날이면 바쁜 일 제쳐두고 오는 봉사자들이 있습니다. 매주 음식 만드는 것을 도와주고 서빙하고 설거지를 해주는 김성은, 김지연 봉사자들의 손길 덕분에 얼마나 든든한지 모릅니다. 재정으로 도움을 주시는 모든 분에게도 진심으로 감사합니다. 지금까지 살아오면서 선한 어른들보다 악한 어른들을 더 많이 만났던 아이들인데, 선한 어른들 덕분에 아이들의 마음 도화지에는 밝은색이 점점 칠해지고 있습니다.

하늘의 동역자 6. 원주시청소년활동연대

인디언 속담 중에 "아이 한 명을 키우려면 온 마을이 필요하다"라는 속담이 있습니다. 이 속담의 의미는 한 명의 아이가 온전히 자라기 위해서는 가족과 친구, 이웃들을 비롯한 지역 사회의 도움이 필요하다는 것입니다. 아마도 이 속담은 무수히 많은 부모의 육아 경험에서 비롯된 지혜일 것입니다. 홀로 아이를 키우면서 얼마나 많은 한계를 느꼈으면 온 마을이 필요하다고 외쳤을까요.

저 또한 이 속담을 보고 절로 고개가 끄덕여졌습니다. 위기청소년 사역을 하면서 아이들이 처한 문제가 달랐고 그때마다 저 혼자서 이 모든 것을 감당할 수 없었습니다. 오히려 저 혼자 감당하면서 일을 그르친 적이 많았습니다. 미혼모 주거 문제, 자립 문제, 사기 피해, 가정 문제 등. 아이들의 문제는 생각보다 거대했고 이를 해결하려면 전문가들의 도움이 필요할 수밖에 없었습니다.

그래서 하나님께 동역자들을 구했는데 감사하게도 하나님께서는 귀한 동역자들을 적재적소에 보내주셨습니다. 사기당한 아이들에게 변호사를 소개해주었던 물방울청소년인권센터, 가정밖청소년들을 안전하게 돌봐주신 원주시여자청소년단기쉼터와 원주시청소년일시쉼터, 자립준비청년들에게 주거공간을 마련해주신 SOL 자립준비청년지원과 일구는공인중개사, 미혼모아이의 생존을 함께 고민해 주신 아가쏘잉협동조합, 위기청소년의 무료심리상담을 지원해주는 나언심리상담연구소, 아이들에게 필요한 어른들을 연계해 주는 원주시사회적경제네트워크, 위기청소년들의 건강한 신체발달을 위해 무료PT를 제공해 주는 헤이스처치와 헤이스바디랩. 이분들이 바로 하나님께서 보내주신 귀한 동역자들입니다.

이분들을 볼 때마다 어벤져스가 생각납니다. 위기에 처한 지구를 구하기 위해 뭉친 영웅들처럼 위기에 처한 아이들을 구하기 위해 어른들이 뭉칩니다. 이름하여 '원주시청소년활동연대'입니다. 정류장교회와 석식당도 이 단체에 소속되어서 위기청소년들을 발굴하고 아이들의 상황에 맞는 기관과 연계하여 아이들을 돕고 있습니다.

하늘의 동역자 7. 정류장교회 성도들

현재 정류장교회에는 열 명 남짓한 성도들이 있습니다. 이분들은 그 누구보다 가까이서 저를 응원해 주시고 기도해 주시는 귀한 동역자들입니다. 한번은 모든 성도들을 일일이 만나 다른 교회로 가시라고 권유했던 적이 있었습니다. 이유인즉슨, 저의 모든 관심과 사역들이 위기청소년들에게 집중되다 보니 아무래도 어른들과 어린 자녀들의 예배와 양육 프로그램은 빈약하고 소홀한 것 같아 미안했기 때문입니다. 그래서 이런 부담감을 가지고 성도들을 잘 양육하지 못하고 있으니 다른 교회에서 더 행복하고 유익한 신앙생활을 하시라고 말씀드렸습니다. 저는 흔쾌히 성도들이 알겠다고 대답할 줄 알았습니다. 그런데 한 분도 빠짐없이 지금의 정류장교회가 좋다며 남겠다고 했고, 심지어 어떤 성도님들은 눈물까지 보이기도 했습니다.

그래서 지금까지 모두 남아서 같이 신앙생활을 하고 있습니다. 이렇게 열 명 성도 파송 사건은 해프닝으로 끝났지만, 저는 이 사건을 통해 큰 위로와 힘을 얻었습니다. 우리 정류장교회 성도님들은 아이들을 살리는 일이라면 시간과 재능과 재정을 기꺼이 나누고 늘 아이들을 위해 기도해 주는 따뜻한 분들입니다. 저는 이분들과 함께 신앙생활을 할 수 있어서 너무 든든하고 행복합니다. 그래서 꼭 이분들을 모두 천국으로 인도하는 목회자가 되고 싶습니다.

모든 사역이 그렇지만 특히 위기청소년 사역은 혼자 힘으로는 도저히 할 수 없는 사역입니다. 그래서 주저앉고 망설일 때도 많지만 그때마다 하나님은 모세에게 붙여 주신 아론처럼 저에게 수많은 동역자를 붙여 주셨습니다. 이 모든 것은 다 위기청소년들을 구원하기 위한 하나님의 열심입니다. 하나님은 이렇게나 아이들을 사랑하십니다. 많은 어른이 자신의 직업, 재능, 재정을 이용해서 아이들을 살리는 일에 쓰임 받았으면 좋겠습니다.

6. 화목한 석식당

　제가 만났던 아이들은 대부분 불화가 가득한 가정에서 자랐습니다. 에피소드 1에 자세히 나온 것처럼 아이들은 일찍이 부모로부터 폭력, 방임, 무기력, 무책임, 욕설, 나태 등의 부정적인 영향을 받았고, 이 때문에 불화가 가득한 인생들로 자라나게 되었습니다. 그래서 아이들은 쉽게 분노하고 타인과 자신에게 폭력을 저지르며 무책임한 행동을 하고 수시로 나태와 무기력에 빠져듭니다. 성향이 이렇다 보니 인간관계가 매끄럽지 못하고 가족과 친구 관계 속에서도 늘 분열과 갈등만이 가득할 뿐입니다.

　특히 이런 아이들의 특징은 쉽게 인연을 끊어버리려고 합니다. 이것을 '손절'이라고 하는데, 손절은 주식 용어인 손절매(손해를 잘라버리는 매도)에서 파생된 것으로 인간관계를 잘라버린다는 의미입니다.

아이들이 쉽게 손절해 버리는 모습이 이해되는 것이, 부모에게 손절을 당한 아이들인데 누군들 손절하지 못할까 싶습니다.

그런데 어느 날 고린도후서를 읽던 중에 하나님께서 제 마음에 깊은 울림을 주셨습니다. 그것은 바로 불화가 가득한 아이들을 화목하게 하라는 하나님의 애절한 부탁이었습니다. 고린도후서 5장 17~20절 말씀입니다.

> 누구든지 그리스도 안에 있으면, 그는 새로운 피조물입니다. 옛 것은 지나갔습니다. 보십시오, 새 것이 되었습니다. 이 모든 것은 하나님에게서 났습니다. 하나님께서는 그리스도를 내세우셔서, 우리를 자기와 화해하게 하시고, 또 우리에게 화해의 직분을 맡겨 주셨습니다. 곧 하나님께서 사람들의 죄과를 따지지 않으시고, 화해의 말씀을 우리에게 맡겨 주심으로써, 세상을 그리스도 안에서 자기와 화해하게 하신 것입니다. 그러므로 우리는 그리스도의 사절입니다. 하나님께서는 우리를 시켜서 여러분에게 권고하십니다. 우리는 그리스도를 대리하여 간청합니다. 여러분은 하나님과 화해하십시오.

하나님은 저와 화목하기 위하여 예수님을 희생시키셨습니다. 그리고 제가 이 희생을 믿은 후에는 저에게 화목하게 하는 직분을 주셨습니다.

'현석아, 너에게 화목하게 하는 직분을 주었으니, 불화가 가득한 아이들을 화목하게 해다오.'

이 화목하게 하는 직분은 비단 저에게만 주신 것이 아니라 예수님을 믿고 새로운 피조물이 된 모든 성도에게 주신 공통된 사명입니다. 불화가 가득한 가정과 세상으로 나아가서 그들을 하나님과 화목하게 하는 것입니다. 이 일에는 반드시 희생이 따를 것입니다. 그러나 이 희생은 아픈 희생이 아니라 모두를 아름답게 하는 희생임을 꼭 기억했으면 좋겠습니다.

창세기 45장에 보면 요셉이 자신을 노예로 팔아넘겼던 형제들을 용서하는 장면이 나옵니다. 저는 이 장면에서 화목하게 하는 직분은 이렇게 감당하는 것이라는 것을 배웁니다. 요셉은 불화가 가득했던 형제들을 용서함으로 화목하게 했습니다. 충분히 복수하고 원수를 갚을 수도 있는 상황에서 기꺼이 용서했던 것입니다. 창세기 45장 4절에서 5절 말씀입니다.

> "이리 가까이 오십시오" 하고 요셉이 형제들에게 말하니, 그제야 그들이 요셉 앞으로 다가왔다. "내가, 형님들이 이집트로 팔아 넘긴 그 아우입니다. 그러나 이제는 걱정하지 마십시오. 자책하지도 마십시오. 형님들이 나를 이 곳에 팔아 넘기기 하였습니다만, 그것은 하나님이, 형님들보다 앞서서 나를 여기에 보내셔서, 우리의 목숨을 살려 주시려고 그렇게 하신 것입니다."

어쩌면 요셉 자신도 불화가 가득한 인생이 될 뻔했습니다. 형제들에게 버림받고 노예 생활도 모자라서 억울하게 옥살이도 했으니 말입니다. 그러나 요셉은 감옥에서도 하나님과 화목했습니다. 창세기 39장 20절에서 21절 말씀입니다.

> 요셉의 주인은 요셉을 잡아서 감옥에 가두었다. 그 곳은 왕의 죄수들을 가두는 곳이었다. 요셉이 감옥에 갇혔으나, 주님께서 그와 함께 계시면서 돌보아 주시고, 그를 한결같이 사랑하셔서, 간수장의 눈에 들게 하셨다.

이처럼 요셉은 모든 날 모든 순간에 하나님과 함께 하는 화목을 누렸기 때문에 결국은 중요한 때에 화목하게 하는 직분을 잘 감당할 수 있었던 것입니다.

또한 하나님과 화목했던 아브라함 덕분에 생명을 건졌던 롯의 이야기를 기억해야 합니다. 창세기 19장에 보면 하나님께서 타락한 소돔과 고모라 성을 멸망시키는 장면이 나옵니다. 이때 아브라함의 조카였던 롯도 그 성에 거주하고 있어서 멸망 당할 위기에 놓였는데 하나님은 아브라함을 생각하셔서 롯의 생명을 지켜주었습니다. 창세기 19장 29절 말씀입니다.

> "하나님은, 들에 있는 성들을 멸하실 때에, 아브라함을 기억하셨다. 그래서 하나님은, 롯이 살던 그 성들을 재앙으로 뒤엎으실 때에, 롯을 그 재앙에서 건져 주신 것이다."

하나님과 화목했던 아브라함은 불화가 가득한 소돔과 고모라 성에서 자기 조카였던 롯을 구해낼 수 있었습니다. 이것이 바로 화목하게 하는 직분입니다.

우리가 잘 아는 손양원 목사님도 화목을 실천했던

대표적인 인물입니다. 자신의 두 아들을 살해한 안재선을 용서했습니다. 여기서 끝나지 않고 갈 곳 없는 안재선을 양자로 삼기까지 했습니다. 훗날 안재선의 아들 안경선은 목회자가 되었습니다. 이처럼 손양원 목사님은 두 아들이 살해당함으로 불화가 가득할 뻔했지만, 하나님과 화목함으로 이겨내었고 기꺼이 화목하게 하는 직분을 감당했습니다.

이분들의 믿음을 본받아서 저 또한 불화가 가득한 아이들을 화목하게 하는 삶을 사는 것이 지금의 꿈입니다. 아이들이 정류장교회와 석식당을 통해 하나님과 그리고 사람들과 화목해졌으면 좋겠습니다. 이 소망을 담아서 '화목한' 석식당을 운영하고 있습니다. 처음에는 이름 그대로 화요일과 목요일에 문을 열고 아이들 밥을 먹였습니다. 이처럼 화목한 석식당을 추구하다 보니 감사하게도 석식당을 찾는 아이들 중에 실제로 화목의 역사가 일어나기도 했는데, 부모님과 깊은 불화를 겪던 아이가 부모님과 화목하게 된 사례도 있고 또 하나님과 불화가 가득했던 아이들이 양떼예배를 드리면서 하나님과 화목하게 지내는 모습도 보게 됩니다. 앞으로도 화목의 역사들이 더 많아졌으면 좋겠습니다. 불화가 가득한 아이들이 석식당에만 오면 마음이 편안해지고 얼굴에 미소가 번지고 부모와의 불화, 친구와의 불화 무엇보다 하나님과의 불화가 모두 화목하게 되기를 소망합니다.

7. 잃은 양 한 마리를 위하여

    제가 닮고 싶은 목사님 중에 지금은 은퇴하신 방인순 목사님이 계십니다. 목사님은 제가 다니던 고향교회의 담임목사님이시자 전도사 시절 저를 지도해주셨던 스승이십니다. 목사님은 목회를 하시다 뇌졸중을 겪으셔서 왼쪽 팔다리가 마비되셨어도 오른쪽 팔다리로 축도를 하시고 심방을 다니시고 눈 오는 날에는 직접 교회 마당의 눈까지 쓰시던 훌륭한 분이셨습니다.

    보통은 자신이 사역하는 교회의 담임목사님을 진심으로 존경하는 경우가 흔치 않은데 저는 저의 담임목사님이 너무나 자랑스럽고 존경스럽습니다. 제가 이렇게 방인순 목사님을 존경하게 된 이유는 영혼을 대하는 목사님의 모습 속에서 예수님의 사랑을 보았기 때문입니다. 목사님은 한 영혼을 온 천하보다 더 귀히 여기시는 분이셨습니다.

어느 토요일 밤, 저는 주일 사역 준비를 다 마치고 늦은 저녁을 먹고 있었습니다. 그때 교회 전도사님에게 연락이 왔습니다.

"현석아, 지금 담임목사님께서 어느 주취자의 전화를 받고 심방을 가시는데 같이 가자."

상황을 들어보니 밤 11시가 다 되어 어떤 술취한 사람이 담임목사실로 전화를 해서 자살하겠다고 난동을 피운 것입니다. 그래서 목사님은 그 사람에게 주소를 물어보시고는 만나서 이야기하자고 심방을 나선 것입니다. 전도사님은 시간이 늦었고 또 술에 취한 상태이기 때문에 위험하다고 목사님을 말렸지만, 목사님은 이렇게 대답하시며 길을 나섰습니다.

"사람이 죽고 싶다며 목사를 찾는데 어떻게 목사가 돼서 안 가볼 수 있겠나."

그래서 그날 밤 담임목사님과 전도사님 그리고 저

셋이 함께 생전 처음 보는 주취자의 집에 심방을 갔습니다. 주취자는 벽에 머리를 박는 등 자해를 하고 고함까지 지르며 울분을 토해냈고 오랫동안 씻지 않은 듯 땀 냄새와 술 냄새가 집안에 진동했습니다.

하지만 목사님은 자상한 얼굴로 주취자의 말에 귀 기울이시고 한쪽 팔로 등을 토닥여 주시며 공감해 주셨습니다. 그러고는 기분 전환을 위해 목욕을 제안하셨고 저와 전도사님은 목욕을 시켜드렸습니다. 그렇게 새벽이 되어서야 주취자는 평안히 잠에 들었고 저희는 교회에 돌아왔습니다. 목사님은 거의 밤을 새우시고 주일 사역을 하셨습니다. 제 인생에서 가장 아름답고 따뜻했던 사랑의 순간입니다.

그날 이후로 저는 잃은 양 한 마리를 위한 목사가 되겠노라 결심했습니다. 그래서 지금까지도 늦은 밤 아이들에게서 전화가 오면 바로 달려 나가고 있습니다. 위기청소년들이 저를 급하게 찾는 시간은 주로 밤 11시 이후입니다. 밤의 아이들이다 보니 주로 밤늦게 사건사고가 발생합니다. 하루는 토요일 밤에 어떤 아이가 가출을 했으니 도와달라는 연락이 왔습니다. 그 순간 제 머릿속에는 갈등이 생겼습니다. 다음 날이 주일이었기 때문입니다.

'이 시간에 나가면 주일 사역에 지장이 있을 것이다. 차라리 잠을 푹 자고 좋은 컨디션으로 교회에 오는 아이들을 맞이하는 게 더 낫지 않을까?'

그런데 그 순간 마태복음 18장 12절에서 13절 말씀이 제 마음에 선명하게 찾아왔습니다.

> "너희는 어떻게 생각하느냐? 어떤 사람에게 양 백 마리가 있는데, 그 가운데 한 마리가 길을 잃었다고 하면, 그는 아흔아홉 마리를 산에다 남겨 두고서, 길을 잃은 그 양을 찾아 나서지 않겠느냐? 내가 너희에게 말한다. 그가 그 양을 찾으면, 길을 잃지 않은 아흔아홉 마리 양보다, 오히려 그 한 마리 양을 두고 더 기뻐할 것이다."

이 말씀 때문에 저는 아이를 만나러 나갈 수밖에 없었습니다. 하나님은 잃은 양 한 마리를 찾고 계셨기 때문입니다. 그래서 그날 밤 아이를 만나 밥을 사 주고 안전한 청소년쉼터에 인계한 뒤 늦은 새벽에 돌아왔습니다.

찬송가 323장, <부름받아 나선 이 몸>에 보면 이런 가사가 나옵니다.

> 부름받아 나선 이 몸 어디든지 가오리다
>
> 아골 골짝 빈들에도 복음 들고 가오리다
>
> 소돔 같은 거리에도 사랑 안고 찾아가서
>
> 종의 몸에 지닌 것도 아낌없이 드리리다

이 찬송을 작사하신 이호운 목사님은 제가 다니던 신학대학의 2-3대 학장님이셨습니다. 저는 신학대학을 다니는 동안 수없이 이 찬양을 부르며 목양 일념을 결심했습니다. 하지만 목사가 된 지금은 어디든지 가기보다는 좋은 곳만 가고 싶고, 아골 골짝 빈들과 소돔 같은 거리는 피하고 싶은 마음이 가득합니다. 하나님 보시기에 그리고 학장님 보시기에 부끄럽고 죄송할 뿐입니다.

사역을 하다 보면 잃은 양 한 마리를 찾아 나서기

보다 저도 모르게 길을 잘 가고 있는 아흔아홉 마리 양과 더 많은 시간을 보내고 싶은 충동이 몰려옵니다. 잘 따라오는 아흔아홉 마리 양과 재미있고 유익한 프로그램들을 진행하고 이들과 뜨거운 예배를 드리고 싶습니다.

　반면에 길 잃은 양 한 마리를 찾아 나서는 일은 육체적으로나 정신적으로나 굉장히 피곤하고 열매를 맺기도 힘이 듭니다. 그럼에도 마음을 강하게 다잡고 잃은 양 한 마리를 찾으러 나가야만 합니다. 이것이 선한 목자의 본분이자 하나님의 뜻이 여기에 있기 때문입니다.

　하나님은 저에게 잃은 양 한 마리에 속하는 위기청소년들을 돌보는 사명을 주셨습니다. 하루는 아이들을 돌보는 일이 예배와 경건 생활에 악영향을 끼친다고 생각했던 적이 있었습니다. 그때 하나님은 야고보서 1장 27절 말씀으로 저를 일깨워주셨습니다.

> 하나님 아버지께서 보시기에 깨끗하고 흠이 없는 경건은, 고난을 겪고 있는 고아들과 과부들을 돌보아주며, 자기를 지켜서 세속에 물들지 않게

하는 것입니다.

교회가 담배 냄새로 진동하고 아이들의 욕설과 음담패설로 어지럽혀지는 것, 밤늦게 아이들을 만나러 나가느라 예배와 경건 생활에 지장을 주는 것, 이런 것들이 정결을 방해하고 경건을 더럽히는 것이 아니라 아버지 하나님을 잃은 고아들과 신랑 되신 예수님을 잃은 과부들을 그 환난 중에 돌보지 않는 것이 바로 정결을 방해하고 경건을 더럽힙니다.

하나님이 기뻐하시는 경건은 바로 잃은 양 한 마리를 그 환난 중에 돌보는 것입니다. 그래서 모든 그리스도인은 경건을 위하여 돌보는 사람들이 되어야만 합니다. 우리 주변의 고아와 과부들 그리고 잃은 양 한 마리를 외면하는 것은 그리스도인의 본분이 아닙니다. 우리 또한 길 잃은 양 한 마리였으나 선한 목자 되신 예수님을 만나 구원받았다는 사실을 잊지 말고 기꺼이 돌보는 인생들이 되어야 합니다. 그래서 이 땅에 길 잃은 한 마리 양과 같은 영혼들이 주님께 돌아오고 안전한 돌봄을 받아서 회복되는 이야기들이 여기저기서 넘쳐났으면 좋겠습니다.

교회는 잃은 양 한 마리를 위한 공동체입니다.

에필로그

아이들은 나쁜 게 아니라 아픈 겁니다

한번은 ○지방법원 소년부 부장판사님과 식사를 한 적이 있었습니다. 판사님은 그동안 수많은 소년 재판을 하면서 느낀 점들을 이야기 해주셨는데 아이들의 가정환경을 들여다보면 세상에 나쁜 아이들이 없다고 했습니다. 이 말의 의미는 아이들의 범죄를 정당화하겠다는 뜻이 아닙니다. 아이들이 나빠서 죄를 짓게 된 것이 아니라 아파서 죄를 짓게 되었다는 말입니다. 판사님은 대부분 소년범죄와 비행은 부모의 학대와 방임에서 비롯된다고 한탄하셨습니다. 부모의 학대와 방임이 아이들에게 상처를 남기고 결국 비행과 범죄까지 이어지기 때문입니다.

이 책을 통해 위기청소년들을 향한 인식이 바

뀌었으면 좋겠습니다. 아이들은 나쁜 것이 아니라 아픈 것이라고 말입니다. 그래서 조금 더 따뜻하고 환하게 아이들을 대해주는 세상이 되었으면 좋겠습니다. 특별히 더 많은 교회에서 위기의 아이들을 품어주었으면 좋겠습니다. 차갑고 어두운 삶을 살아가는 아이들에게 온기가 필요하기 때문입니다. 그래서 우리는 어떠한 모양으로든 계속해서 아이들에게 온기를 제공해야 합니다. 그 이유는 다음과 같습니다.

지금은 담배를 피우지만 언젠가는 꽃을 피우기 때문입니다. 모든 것이 차가운 세상에 유일한 온기라고는 담배 연기뿐이지만 사랑의 온기를 전하다 보면 더 이상 담배의 온기는 필요가 없어집니다. 또 지금은 술에 취해있지만 언젠가는 주님께 취해있을 것입니다. 아이들에게 취기는 유일한 진통제인데 주님께 취하면 더 이상 알코올은 필요가 없어집니다. 마지막으로 지금은 날지 못하고 있지만 언젠가는 날아오를 것이기 때문입니다. 열기구가 풍선 속의 열기로 나는 것처럼 아이들 마음에 온기를 전하다 보면 언젠가 반드시 날아오를 것입니다.

　그래서 저는 오늘도 아이들에게 온기를 전하며 차가웠던 아이들이 따뜻해지고 어두웠던 아이들이 밝아질 날들을 소망하고 있습니다.

　이 책을 쓰는 동안 저의 친할아버지께서 소천하셨습니다. 돌아가시기 하루 전, 한 아이의 이사를 돕고 있었는데 할아버지에게 영상통화가 왔습니다. 제가 보고 싶다는 전화였습니다. 하지만 이사 때문에 도저히 갈 수가 없었습니다. 그래서 다음날 면회를 갔지만 기운이 없으셔서 저를 잘 알아보지 못하시다가 그날 밤 소천하셨습니다. 마음이 무너졌습니다. 몇 년 전 아버지께서 심장질환으로 급하게 응급실에 가셨을 때도 저는 학교 앞에서 토스트 전도를 하고 있었습니다. 제 아버지와 할아버지가 가장 외롭고 힘든 시간에 저는 정작 위기청소년들 곁에 있었던 것입니다. 아버지와 할아버지가 저를 필요로 하셨지만, 아이들을 위해 기꺼이 양보해 주셨다고 생각합니다. 그래서 저는 더욱 아이들을 외롭지 않고 힘들지 않게 해주고 싶습니다.

이 책을 통해 이 땅의 모든 아이가 비행(非行)을 끝내고 비행(飛行)을 시작하게 되기를 소망합니다. 그날을 함께 꿈꾸며 아이들을 사랑하는 사람들이 더 많아졌으면 좋겠습니다. 감사합니다!

정류장교회 이야기

초판1쇄 발행 2024년 9월 1일 / 1판2쇄인쇄 2024년 11월 5일

지은이 **최현석**

펴낸이/ 우지연   편집/ 김명곤 임미경 송희진   그림/ 김선희   디자인/ 샘물
마케팅/ 스티븐jh   경영/ 박봉순 강운자
펴낸곳/ 한사람   등록번호 제2020-000022호
등록일자 2020년 1월 30일   주소 경기도 의왕시 안양판교로 221, 403호
홈페이지 https://hansarambook.modoo.at
블로그 https://blog.naver.com/pleasure20
ISBN 979-11-92451-33-6(03230)

ⓒ 저자와의 협약으로 인지는 생략했습니다.
이 책의 저작권은 저자와 독점계약한 한사람 출판사에 있습니다.
무단전재와 무단복제를 금합니다.
잘못 만들어진 책은 구입하신 서점에서 바꿔드립니다.